AF277803

MORIR DE PIE

Edu Galán (Oviedo, 1980) es escritor. Desde 2002 firma con regularidad en diferentes medios: hoy en día, en *Zenda* y *ABC Cultural*. Publicó *La máscara moral. Por qué la impostura se ha convertido en un valor de mercado* (Debate, 2022). Tras la serie documental en audio *Casete* (Onda Cero Podcast, 2022) sobre la historia de los chistes de casete, codirigió con Andrés Calamaro el programa del músico argentino *Ni chivatos, ni membrillos* (Sonora, 2023). Su ensayo *El síndrome Woody Allen* (Debate) vio la luz en 2020. Es cofundador de la revista satírica *Mongolia* (2012): ha participado en todos sus números mensuales, libros, espectáculos teatrales, podcasts y apariciones televisivas hasta junio de 2021, cuando abandona el proyecto. Produjo con David Trueba y Fran Nixon el documental *Salir de casa* (2016), de David Trueba. Colabora en *La brújula* de Onda Cero, con Rafa Latorre, y en *Más vale tarde* de La Sexta.

EDU GALÁN

MORIR DE PIE

Estados Unidos ante
el espejo del *stand-up*

EN DEBATE

Papel certificado por el Forest Stewardship Council®

MIXTO
Papel | Apoyando la
silvicultura responsable
FSC® C117695

Penguin
Random House
Grupo Editorial

Primera edición en esta colección: noviembre de 2024

© 2024, Edu Galán
Publicado por acuerdo con Dos Passos Agencia Literaria
© 2024, Penguin Random House Grupo Editorial, S. A. U.
Travessera de Gràcia, 47-49. 08021 Barcelona

Printed in Spain – Impreso en España

ISBN: 978-84-10214-20-0
Depósito legal: B-14526-2024

Compuesto en La Nueva Edimac, S. L.
Impreso en Huertas
Fuenlabrada (Madrid)

C 2 1 4 2 0 0

Descubrí una luz en mi habitación que aumentó hasta que la estancia estaba más iluminada que al mediodía, cuando inmediatamente un personaje apareció al lado de mi cama, flotando en el aire porque sus pies no tocaban el suelo.

JOSEPH SMITH JR. (1805-1844), fundador de la Iglesia de Jesucristo de los Santos de los Últimos Días o Iglesia mormona, relatando su revelación.

Joseph Smith, el más dotado y auténtico de todos los profetas norteamericanos, fue un humorista norteamericano demasiado bueno para no apreciar la ironía de su heterogéneo legado.

HAROLD BLOOM (1930-2019), *La religión americana*

Si Dios creó el cuerpo y el cuerpo es sucio, entonces la culpa es del fabricante.

LENNY BRUCE (1925-1966)

Me daba cuenta de que como cómico de variedades no encajaba. Estaba perdiendo a quien yo era en realidad.

GEORGE CARLIN (1937-2008)

Después de los *shows*, experimenté muchas horas de euforia o tristeza dependiendo de cómo había ido el monólogo. Hacer comedia solo en el escenario es el último bastión del ego.

STEVE MARTIN (1945)

Índice

Prólogo

El Hombre Público Norteamericano

Finales de los noventa. Se abre el telón y el cómico George Carlin sale, en soledad, a escena. En el monólogo se alternan sus temas favoritos: su vida, el capitalismo, el *american way of life*, la política, la religión… Pero ¿cómo se fragua el *stand-up* norteamericano para llegar hasta ahí desde los espectáculos de variedades de principios de siglo y cuál es su íntima relación con su país de origen? Trataré de desentrañar esta cuestión en este ensayo breve y, para ello, utilizaré el arquetipo del Hombre Público Norteamericano,[1] ese que habla desde un escenario a sus compatriotas y los empuja a la acción individual apoyándose en tres pilares.

El primero, la Primera Enmienda (1791) de la Constitución estadounidense: «El Congreso no hará ley alguna que coarte la libertad de expresión». Propongo la libertad de expresión como soporte inicial del Ser Americano y, por extensión, del Hombre Público Norteamericano; un derecho ins-

---

1. Uso «hombre» en la primera acepción del DRAE: «Ser animado racional, varón o mujer». En este sentido, la presentadora afroamericana Oprah Winfrey (1954), la empresaria cosmética Estée Lauder (1906-2004) o la sindicalista Crystal Lee Sutton (1940-2009) serían Hombres Públicos Norteamericanos.

crito al lado de la libertad de prensa o de religión en el libro sagrado de los Padres Fundadores de los Estados Unidos de América. Al igual que mis armas de fuego, derecho constitucional reflejado en la Segunda Enmienda, sólo podréis arrebatarme mi libertad de expresión si me la arrancáis de mis frías manos muertas.[2]

Hablemos de la Religión Norteamericana como segundo pilar del Hombre Público Norteamericano. Frente a la experiencia colectiva y mediada –con toda la Iglesia como organismo interpuesto– del catolicismo, en cuya tradición España se reboza, escribe Harold Bloom: «La salvación, para el americano, no puede proceder de la comunidad ni de la congregación, sino que es un acto de confrontación cara a cara. [...] Al Jesús americano no se le puede conocer en la Iglesia ni mediante ella, sino sólo en uno mismo, y entonces se le conoce de verdad, con una inmediatez mucho mayor, evidentemente, de lo que puede conseguir una experiencia sexual intensificada, mucho más de lo que puede ofrecer la violencia de la frontera».[3]

El carácter del Hombre Público Norteamericano no estaría completo sin la precisa definición de Libre Mercado que perpetró el exactor y expresidente republicano Ronald Reagan (1911-2004). El tercer pilar: «Las diez palabras más peligrosas en inglés son "Muy buenas, soy del Gobierno y estoy aquí

2. Parafraseo al actor Charlton Heston (1923-2008), expresidente de la Asociación Nacional del Rifle (NRA, por sus siglas en inglés).

3. Harold Bloom, *La religión americana*, trad. de Damià Alou, Madrid, Taurus, 2009.

para ayudar"».[4] Reagan sólo pone en limpio lo expresado por el escritor James Truslow Adams (1878-1949) cuando definió el Sueño Americano® como «la ilusión de una tierra en la que la vida debería ser mejor, más rica y más justa para cada persona, con oportunidades según su habilidad o mérito».[5] Con mi propiedad y con mi Sueño Americano® mercadeo a mi libre albedrío o, al menos, al libre albedrío que me proporcionan el Libre Mercado y Dios. Y si alguien no me lo permite, para eso tengo la Segunda Enmienda: mi derecho a poseer armas y a utilizarlas con fines defensivos a mi criterio.

Este Hombre Público Norteamericano solo, individualista (es decir, orgulloso de estar solo, sin necesidad de nadie) y que instruirá a los demás para que alcancen su mismo estatus (siempre que sea esforzándose y respeten lo que él ya ha ganado), se definirá entonces por: a) la libertad de expresión; b) la asombrosa capacidad de mirar a Cristo a la cara, aguantarle el gesto como Clint Eastwood a Lee Van Cleef en *Por un puñado de dólares* (Sergio Leone, 1965) y ganarse su salvación, y c) la exigencia de ese Libre Mercado metafísico que premie sólo a aquellos que se esfuerzan sin ninguna intervención. En este proceso, al Estado se le pedirá que no comparezca. Dios únicamente participará como colofón, en el papel del presidente del jurado que coloca la banda dorada de *winner* a aquel que se lo haya ganado.

---

4. Ronald Reagan, «Discurso a los futuros granjeros de América», 28 de julio de 1988.

5. James Truslow Adams, *The Epic of America*, Westport, Greenwood Press, 1931.

A partir de estas características, señalo ahora cinco representaciones muy reconocibles de este Hombre Público Norteamericano que tienen a Joseph Smith Jr. (1805-1844), fundador del mormonismo, como hilo conductor.

Primera representación del Hombre Público Norteamericano: el profeta. Un hombre sube a un púlpito, anuncia una revelación privada y quiere compartir su bienaventuranza con su parroquia para que sus miembros, de forma individual, también consigan iluminarse y establecer un diálogo íntimo y personal con el Señor. Este es el caso de Jim Jones (1931-1978), fundador de la secta Peoples Temple a finales de los cincuenta, apoyado conceptualmente en el baptismo y en cierta contracultura, asentada en los movimientos sociales contra la segregación racial. Después de huir de Estados Unidos justo antes de que la prensa le acusase de abusos sexuales, acabó empujando al suicidio colectivo en Guyana a más de novecientos miembros de su congregación.[6] Este también es el caso del escritor de ciencia ficción L. Ron Hubbard (1911-1986), quien, a partir de un libro barato de autoayuda, *Dianética. La ciencia moderna de la salud mental* (1950), organizó el corpus de un nuevo movimiento religioso, la cienciología,[7] basado en la creencia de que la en-

6. Para conocer la historia de Jim Jones y sus acólitos, recomiendo el documental de Stanley Nelson *Jonestown: The Life and Death of People Temple* (2006) y el reciente *Masacre en la secta: Jonestown* (Marian Mohamed, 2024).

7. «Trabajar por un penique por palabra es ridículo. Si un hombre quiere ganar un millón de dólares, la mejor manera es fundar su propia religión», dejó declamado Hubbard.

tidad real de las personas son los thetán, seres espaciales omnipotentes y creadores del universo, los cuales, no contentos con quedar amnésicos tras semejante hazaña, se vieron atrapados en un cuerpo físico en la Tierra. Tarea pseudopsicoanalítica de la cienciología sería, obviamente, liberar al thetán que cada uno lleva dentro. Pero, sobre todo, este es el caso de Joseph Smith, un pobre estafador al que, sorpresa, se le apareció un ángel llamado Moroni. Dicho ser celestial le entregó unas planchas de oro y las piedras bíblicas Urim y Tumím, donde estaba inscrito el *Libro de Mormón* (1830), el texto sagrado de esa secta. Además de revelar que Cristo resucitado predicó en Estados Unidos, el libro impelía a Smith a fundar una nueva religión puramente norteamericana.

Desde la muerte de Jesucristo se tardaron doscientos ochenta años en conseguir que un emperador romano, Constantino (272-337), firmase el edicto de Milán (313), donde se establecía la libertad de religión y se ponía fin a la persecución contra los cristianos. Gracias a una decisión política, una secta y sus seguidores se convertirían en un grupo tolerado por el Imperio romano y, posteriormente, en su religión oficial. Los mormones estuvieron a punto de conseguir un hito mayor tan sólo ciento sesenta y ocho años después de la muerte de su profeta, Joseph Smith, cuando un miembro de su culto, Mitt Romney (1947), fue el candidato republicano a la presidencia de Estados Unidos que se enfrentó a Barack Obama (1961) en las elecciones de 2012. Una decisión política ponía de manifiesto que una secta y sus seguidores se habían convertido en un grupo tolerado por un amplio segmento del pueblo norteamericano.

Segunda representación del Hombre Público Norteamericano: los charlatanes que coparon los *medicine shows* a lo largo y ancho de Estados Unidos desde el siglo xviii hasta bien entrado el xx. Un hombre sube a su carreta y proclama las bondades de un placebo embotellado (un crecepelo milagroso, una pócima que provoca enamoramiento) para conseguir que lo compre la multitud que se congrega a su alrededor. Mediante la palabra, el contenido del recipiente adquiere las propiedades que el embaucador asegura que tiene.

Este tipo de charlatán sería el paroxismo de la figura del vendedor norteamericano:[8] ese comercial a puerta fría,[9] ese tunante que presenta aspiradoras a las amas de casa, ese misionero que ofrece biblias en el Medio Oeste,[10] ese golfo que está al frente de un concesionario de segunda mano, esa pareja de farsantes que sobreactúa al recomendar un aparato de musculación en la teletienda… Todos ellos se enclavan en la tradición estadounidense del Hombre Público que, sin más armas que su discurso, es capaz de

8. El Willy Loman de *Muerte de un viajante* (1949), de Arthur Miller, valdría de encarnación: en la obra nunca sabemos qué producto vende porque da exactamente igual.

9. «Fue el oficio de vender lo que nos convirtió en un gran país y será el oficio de vender lo que nos permitirá conservar esa grandeza», casi canta el marchante de partituras Arthur Parker (Steve Martin), Gran Depresión mediante, en *Pennies from Heaven* (Herbert Ross, 1981). No extrañe que el autor del guion, adaptado de su serie original británica, sea el tótem Dennis Potter (1935-1994).

10. Esencial para profundizar en el tema, el visionado del documental *Salesman* (1969), de Albert y David Maysles y Charlotte Zwerin, sobre comerciales de biblias.

persuadir a alguien para que dé su dinero (o su confianza, o su voto). Uno de los maestros modernos de ese arte comercial fue el empresario circense P. T. Barnum (1810-1891). Entendió Barnum que para maximizar sus posibilidades de venta debía manejar la comunicación (contrataba periodistas que llegaban días antes de la función para promocionar sus espectáculos), el marketing (renovó el interés del público por el teatro con nuevos productos como los campeonatos de belleza de bebés o las exposiciones de *freaks*) y las relaciones públicas (fue elegido representante político republicano y, posteriormente, alcalde de Bridgeport, Connecticut). Pequeño apunte: en psicología se conoce como «efecto Barnum» a la constatación experimental de que los individuos otorgan un alto grado de fiabilidad a determinadas descripciones de su personalidad presuntamente específicas cuando, en realidad, son lo bastante generales para que puedan aplicarse a un amplio grupo de personas. Un ejemplo clásico de este efecto sería el horóscopo y su cháchara: «Eres muy amigo de tus amigos», «Hay días que estás mejor y otros peor», «Eres especial», «Nadie te entiende»… Y toda esa engañifa rutinaria.

Febrero de 1832, Kirtland, Ohio, comienzos del mormonismo. Las sospechas de algunos de sus seguidores de que su profeta sólo los quería para apropiarse de sus bienes a través de su Iglesia recién fundada hicieron que Joseph Smith acabase embreado y emplumado por varios miembros de su propia congregación. Un aviso de que no todos los placebos surten efecto o de que el «efecto Barnum» no dura siempre, especialmente cuando el encargado de administrarlos no escapa de una ciudad a la siguiente con la suficiente rapidez.

Tercera representación del Hombre Público Norteamericano: el colono. Un hombre sube a una caja de madera y promete a sus seguidores un lugar sobre el que asentar su individualidad, creando países con sus propias leyes dentro del país norteamericano.

Sion es el lugar divino prometido por Joseph Smith donde los miembros de la Iglesia de Jesucristo de los Santos de los Últimos Días van a construir su Jardín del Edén estadounidense. El profeta sugiere varias localizaciones posibles para Sion, pero la principal se sitúa en los alrededores de la ciudad de Independence, en el estado de Missouri. Como no habían conseguido establecer un paraíso ajeno a la legalidad estadounidense, lo más cercano que encuentran es Salt Lake City (Utah), donde se levanta uno de sus templos principales, construido a mediados del siglo XIX. Otros colonos con ambiciones de establecer una nación aislada dentro de la nación no corren tanta suerte. El líder de los davidianos, David Koresh (1959-1993),[11] y los miembros de su secta tratan de impedir la entrada del FBI, avalada con una orden judicial por la sospecha de que allí, en su finca de Waco, Texas, se cometen múltiples delitos. El asedio dura cincuenta y un días en los que se suceden escaramuzas violentísimas. No acatar al Estado les trajo consecuencias terribles: al tomar finalmente el rancho tras un incendio provocado por los miembros de la secta, los agentes se encontraron con setenta y seis

11. Nacido Vernon Wayne Howell.

muertos. Entre ellos, veinticinco niños, dos mujeres embarazadas y el propio Koresh. El líder, colono y profeta a un tiempo, se había suicidado con un tiro en la frente. Su edad, divina: treinta y tres años.

Cuarta representación del Hombre Público Norteamericano: el político. Un hombre sube al escenario y promete en un mitin que, si le votan, buscará métodos públicos para que, contradictoriamente, se fortalezca la individualidad y la independencia del sujeto frente al Estado. Casi no importa que se trate de un demócrata o de un republicano: esta ideología ya está tan asentada en todos ellos como el respirar.

Después de abandonar Missouri en 1840, Joseph Smith, por fin alcalde de su Nueva Tierra Prometida en Nauvoo, Illinois, decidió dar un paso más allá y presentarse como candidato independiente a presidente de Estados Unidos en las elecciones de 1844. Su carrera como político duró poco: murió asesinado en la cárcel de Carthage, Illinois, en junio de ese año. El profeta esperaba juicio por traición al Estado. Bajo su mandato, Nauvoo casi se había convertido en una teocracia a su nombre y eso es algo que ni el Gobierno estadounidense, por muy respetuoso con la libertad religiosa que sea, estaba dispuesto a admitir. Tampoco lo estaba la turba de correligionarios que asaltó la prisión para matarle. Su líder se había asignado el papel de un dios[12] y ellos ni siquiera lo valoraban como político: sólo lo aceptaban como profeta.

---

12. Parece que los motivos del burujón para asesinar a Smith eran diversos: no admitían su control férreo de la comunidad, su afición a la poligamia, su politeísmo…

Quinta representación del Hombre Público Norteamericano: el cómico de *stand-up*. Un hombre sube a un escenario, micrófono en mano, a manejar un monólogo para que el público se ría. Como el charlatán de los *medicine shows*, el político, el colono o el profeta, el *stand-up* ofrece un milagro momentáneo de catarsis que crea en el público la ilusión de remedio permanente a sus males. Siempre, por supuesto, a cambio de su dinero en forma de entrada.[13]

Un profeta que afirma que, tras resucitar, Jesús
vivió en Estados Unidos.
Un profeta muy aficionado a las mujeres que
adapta su revelación para poder justificar
su poligamia.
Un profeta que sitúa el lugar mitológico (Sion) de
su nueva religión en ¡Independence, Missouri!
Un profeta que asegura que Dios tiene entidad
física (es decir, que se le puede saludar) y que
vive en un planeta (Kolob) rodeado de esposas.

Este era Joseph Smith Jr., y, a poco que se lea su doctrina y sus revelaciones, puede comprobarse que, como afirma Harold Bloom, también era un humorista muy serio.[14]

---

13. Advertía doña Concha Piquer (1906-1990), gran cupletista y actriz: «Tengo mucha vocación pero, si no cobro, no me divierto». No en vano se formó en aquel Nueva York de 1921 a 1927. Su etapa estadounidense la cuenta, con maestría inagotable, Manuel Vicent (1936) en *Retrato de una mujer moderna,* Madrid, Alfaguara, 2022.

14. Los creadores de *South Park* (1997), Trey Parker y Matt Stone, junto con su colaborador Robert Lopez, estrenaron con

Estas cinco representaciones del Hombre Público Norteamericano (profeta, charlatán de *medicine show*, colono, político y *stand-up*) conviven en Joseph Smith con armonía tumultuosa, al estilo de una matrioska que alberga unas muñecas dentro de otras con Norteamérica al fondo. Pero no nos equivoquemos: como piden la religión americana y las leyes del Libre Mercado/Propiedad Privada/Sueño Americano®, estos Hombres Públicos Norteamericanos no se suben a un escenario por intentar que el grupo busque el consenso, colabore o avance en conjunto. Utilizan la libertad de expresión para lanzar una proclama esencialmente individual e individualista. Situados en un plano físico superior al de sus oyentes, anuncian la buena nueva de la liberación personal y la búsqueda/materialización del Sueño Americano®. Todo se asocia a una llamada a la acción de la persona: muévase, sea como yo y gánese el favor del Señor con el sudor de su frente. El Hombre Público Norteamericano tiene claro quiénes serán los que atiendan a dicha exhortación: aquellos que verdaderamente se lo merezcan; aquellos que se esfuercen por llegar a la meta con la

---

gran éxito de público y crítica *The Book of Mormon* en 2011, una sátira musical que narra las andanzas en Uganda de dos misioneros de esta religión. En 2023 ha sido adaptada al castellano con gran habilidad por el cineasta David Serrano y estrenada en Madrid. Aparte de la bibliografía existente, recomiendo la canción «All-American Prophet» de esta obra para conocer en menos de cinco minutos las andanzas y revelaciones de Joseph Smith Jr.

única ayuda de su propio valor; aquellos que, al cabo, sean señalados entre la multitud por el mismísimo dedo de Dios, quien, el Cuatro de Julio de 1776, escogió su país de entre todos los posibles para fundar un nuevo jardín del Edén.

1. Aquí comenzó todo

Mark Twain, el Borscht Belt y los pioneros

Con los debidos respetos a los Padres de la Patria, a algunos de sus presidentes mitológicos –lo único cercano a Dios que los estadounidenses colocan en sus billetes– o a misioneros como fray Junípero Serra (1713-1784) que se patearon Norteamérica para colonizar a los indígenas leyendo la Biblia, debo nombrar al escritor Mark Twain (1835-1910) como progenitor del *stand-up* norteamericano. En la celebración del ciento cincuenta aniversario del nacimiento del científico Ben Franklin, año 1856, Mark Twain inauguró una serie de discursos cómicos plagados de anécdotas personales, reflexiones sobre la sociedad e ironía en los agradecimientos a sus anfitriones burgueses. Estas veladas lo llevarían alrededor de Estados Unidos e Inglaterra durante los siguientes cincuenta años:[1]

«Primero, chicas, no fuméis. Es decir, no fuméis en exceso. Segundo, no bebáis. Es decir, en exceso. Tercero, no os caséis. Es decir, en exceso».[2]

1. Por la limitada extensión de este ensayo, me veo obligado a referenciar una recopilación de discursos de Twain. En ellos se encuentra el espíritu del *stand-up* del siglo xx: <http://www.gutenberg.org/files/3188/3188-h/3188-h.htm>.

2. «Consejo a las chicas», discurso del 10 de junio de 1909 en Cattonsville, Maryland.

«En mi opinión todo el mundo tiene moralidad, aunque no me gustaría preguntaros por ella. Yo sé que la poseo pero prefiero enseñarla que practicarla. "Dásela a otros", ese es mi lema».[3]

«¿De quién es mi cuerpo? Probablemente mío. Así lo creo. Si experimento con él, ¿quién tiene la responsabilidad? Yo, no el Estado. Pero si me equivoco con mi experimento, ¿se muere el Estado?».[4]

«Quizá no sea un humorista, sino un loco de primer orden. [...] Lamento que se me haya citado aquí como uno de los más grandes escritores, porque el resto tiene el triste hábito de morirse. Chaucer está muerto, Spencer está muerto, también Milton, también Shakespeare, y yo no me estoy sintiendo bien».[5]

Pero el inicio de lo que hoy conocemos como *stand-up*, propio de la Norteamérica del siglo xx,[6] se produjo en un lugar cómodo, barato y con espectáculos de entretenimiento. Esto era el Borscht Belt, la zona vacacional de la clase media judía neoyor-

---

3. «Moral y memoria», discurso ofrecido en la Universidad de Columbia el 7 de marzo de 1906.

4. «Osteopatía», discurso dirigido al Comité de la Asamblea de Albany, Nueva York, el 27 de febrero de 1901.

5. «Estadística», discurso leído en el Savage Club de Londres el 9 de junio de 1899.

6. Para un mayor detalle sobre alguno de los precursores del *stand-up*, recomiendo Eddie Tafoya, *The Legacy of the Wisecrack. Stand-up Comedy as the Great American Literary Form*, Irvine, Brown Walker Press, 2009. En él se habla de los actores de vodevil, del *burlesque,* del propio Twain o del *cowboy* cómico Will Rogers (1879-1935). De mayor amplitud, el monumental *The Comedians: Drunks, Thieves, Scoundrels and the History of American Comedy*, Nueva York, Grove Press, 2016, también resulta innegociable.

quina en las décadas de los veinte, treinta y cuarenta del siglo pasado. En ella se encuentra el hotel en el que trabaja el Danny Rose (Woody Allen) de *Broadway Danny Rose* (Woody Allen, 1984) antes de convertirse en agente de artistas, cuando aún era un *entertainer* de variedades y machacaba con chistes rapidísimos a una vieja que, según él, «está estupenda: tiene ochenta y un años, pero no aparenta más de ochenta». En la frontera de los condados de Ulster y Sullivan, cercana a las montañas Catskill, la región comenzó a ofrecer alojamiento masivo a aquellos judíos neoyorquinos cansados de establecimientos que no les admitían y deseosos de seguir creando comunidad y fomentando el *jewish way of life*. Aunque al principio eran bandas musicales y humoristas los encargados de currarse el ocio de los veraneantes sin el orden y el concierto de un espectáculo estructurado, en el Borsch Belt se pasó a demandar cada vez más cómicos que condujesen esos *shows* de variedades, una mezcla de música y humor, vodevil y *burlesque*. Ellos animaban al público entre actuación y actuación con chistes ligeros sobre esposas, suegras, hijos y otras contrariedades del macho cabrío estadounidense, con respuestas rápidas de *smart ass* («chico listo») o con gags físicos (tropiezos y caídas). Uno de los más famosos *entertainers* de la época fue Jerry Lewis (1926-2017): firmó con el hotel Majestic de Fallsburg en 1941, con tan solo quince años.[7]

7. Se recomienda revisar cuánto de estas actuaciones primigenias conservó Jerry Lewis para dirigir y presentar, de 1966 a 2010, sus famosísimos telemaratones benéficos anuales contra la distrofia muscular.

Otros cómicos que iniciaron o desarrollaron sus carreras allí fueron, entre muchísimos, Don Rickles (1926-2017), Jack Benny (1894-1974), George Jessel (1898-1981), Sid Caesar (1922-2014), Mel Brooks (1926), Joan Rivers (1933-2014), George Burns (1896-1996) o, el más característico de todos ellos, Bob Hope (1903-2003). En el Borsch Belt vivió su edad dorada el cómico de variedades justo antes de pasar de moda, oscurecido por la nueva ola de *stand-up*.

2. *The new (and the sick) comedians*

Política y años sesenta

Acerquémonos a los *nightclubs*, los espacios que ocupó el *stand-up* para mutar en un fenómeno estadounidense, moderno, inédito y, posteriormente, de masas. Herederos de los cabarés, estos locales surgen en el Nueva York de principios del siglo XX con el objetivo de satisfacer a aquellas personas que salían de los *shows* de Broadway y necesitaban aún más diversión. Explica el periodista Eddie Tafoya lo profundo de este cambio en el espacio del ocio del estadounidense: «Los *nightclubs* se crearon alrededor del concepto oximorónico de la intimidad pública. En el *nightclub* los clientes se sentaban en sus propias mesas en vez de en butacas y los cómicos formaban parte del público, […] por tanto, los cómicos de *stand-up* tenían cada vez menos problemas para atravesar la cuarta pared».[1] No se debe soslayar la importancia de la oscuridad en el *nightclub*, como relata el humorista Steve Martin en su autobiografía: «La oscuridad es esencial. Si se encendiese una luz que iluminase al público, no se reirían nunca. Si ocurriese eso, me vería obligado a decirles que se quedasen quietos y callados durante todo el *show*».[2]

1. Eddie Tafoya, *op. cit.*
2. Steve Martin, *Born Standing Up: A Comic's Life,* Nueva York, Simon & Schuster, 2007.

Durante la prohibición del alcohol en Estados Unidos (1919-1933) los *nightclubs* también se declararon ilegales y funcionaron de forma clandestina, aunque, en el instante en el que esta situación cambió su popularidad estalló, mientras el vodevil y el cabaré comenzaban a apagarse. En los sesenta, los *nightclubs beat*[3] del Greenwich Village neoyorquino, como el Cafe Wha? (1959), The Gaslight (1958), The Bitter End (década de 1950) o The Duplex (década de 1950), donde se fraguó Woody Allen mientras Bob Dylan (1941) tocaba canción protesta;[4] los de San Francisco, como el Hungry i (1950), o, más adelante, los Playboy Clubs (1960) de Hugh Hefner (1926-2017) alrededor del país, proporcionaron a la siguiente generación de *stand-up* un espacio perfecto para ejercitar un nuevo estilo que jamás habrían podido demostrar en el Borscht Belt, un lugar dedicado al turismo familiar, tan sólo una década antes. Así, esta corriente de *stand-up* se convirtió en una sección independiente y aislada de las variedades: el monologuista dejaba de ser el presentador del espectáculo para pasar a

3. Locales asociados fuertemente a la filosofía del movimiento *beat,* nacido en los cincuenta y liderado por los escritores Jack Kerouac (1922-1969), Allen Ginsberg (1926-1997) y William S. Burroughs (1914-1997). En ellos la contracultura entraba por medio de recitales poéticos interminables o *performances* atiborradas de denuncia social.

4. Esencial para adentrarse en ese ambiente artístico de Nueva York: la película de los hermanos Coen *A propósito de Llewyn Davis* (2013). Los interesados en saber hacia dónde derivó luego el género de la canción protesta pueden atreverse con el genial –y triste, a su modo– mockumental *A Mighty Wind* (Christopher Guest, 2003).

formar parte de él. Aunque ambas combinaban el alcohol con la transgresión para aumentar la potencia del chiste y mantener la risa presente en el *show*, esta entonces joven tendencia de *stand-up* se diferencia además de las variedades porque nace con la vocación de desplegar en escena la intimidad de la persona. Eso implicaba, en tiempos tan convulsos como los años sesenta en Estados Unidos, la utilización de la sátira política.

La introducción de la sátira en las actuaciones del nuevo *stand-up* produce un fenómeno novedoso: tramos de la narración en los que el monologuista usa la comicidad como excusa para acomodar un discurso político posterior que ya no necesita de la risa para ser efectivo. Esta exigencia de hablar sobre sí mismos y explicar la realidad social que les rodea hace que los *stand-up* comiencen a actuar también en los campus universitarios, esenciales para comprender la aparición de la contracultura y la rebelión juvenil en la Norteamérica de los sesenta. El cómico canadiense Mort Sahl (1927-2021) fue uno de los primeros en abrirse paso en ese circuito estudiantil tras ser vetado en televisiones y salas porque sus monólogos se centraban en temas políticos como, por ejemplo, la investigación del asesinato de John F. Kennedy.[5] Sahl eliminaba de sus rutinas[6] los chistes costumbristas o los *one-liners*[7] para ocuparse de las noticias que aparecían

---

5. En alguno de sus monólogos, Sahl, amigo personal de JFK, llegaba a leer extractos literales de las conclusiones de la Comisión Warren, encargada de investigar el magnicidio.

6. Véase el glosario final.

7. Véase el glosario final.

todos los días en la prensa. Esa forma de concebir el arte del *stand-up* no encontraba su sitio en grandes medios ni en *nightclubs*, pero sí lo tenía entre los jóvenes de una universidad en ebullición, enfrentada a unos Estados Unidos «antiguos»[8] que los obligaba a apoyar (y a luchar en) esa guerra de Vietnam que duraría hasta 1975, a mantener la segregación racial o que eliminaba con violencia cualquier protesta organizada, como ocurrió con el Movimiento por la Libertad de Expresión de la Universidad de Berkeley (California) durante el curso 1964-1965[9] o con la masacre de la Universidad Estatal de Kent (Ohio) en 1970.[10]

Este ambiente de profundo cambio social colaboró para que el nuevo *stand-up* se popularizase entre la juventud universitaria del país. Con tal de alejarlo de la comedia ligera y las variedades, el estreno de su denominación tardaría poco en llegar gracias a un primer artículo de la revista *Time* en julio de 1959 y a la posterior portada de esta misma publicación de agosto de 1960, en cuyo frontal apa-

8. «Vuestro viejo camino está / envejeciendo rápidamente», escupía Bob Dylan a las anteriores generaciones en «The Times They Are a-Changin'» (1964).

9. Recomiendo el volumen de Barry Miles *Hippie,* Barcelona, Global Rhythm, 2006, para entender la situación que vivía esa generación de estadounidenses universitarios y cómo, desde el humanismo hippie de clase media, media-alta y alta, la afrontaban.

10. «Vienen soldaditos de plomo y Nixon / Por fin estamos solos / Este verano escucho los tambores / Cuatro muertos en Ohio», cantaban Crosby, Stills, Nash y Young en «Ohio» (1970) con una furia que sólo podrían producir ese momento histórico y el talento de Neil Young.

recía una ilustración de Mort Sahl rodeado de globos con caras de políticos (por ejemplo, un Richard Nixon a la izquierda). La revista alertaba de esta manera sobre la aparición de una generación de cómicos de *stand-up* que tenían como eje central de sus monólogos la inestable situación política estadounidense y que la relataban desde un prisma crítico muy peligroso. Entonces, *Time* escogió una etiqueta: *sick comedy* («comedia enferma»), un nombre perfecto para enfrentarla a la de la generación anterior –más aún, para que a aquellos viejos les asquease– y con la que los jóvenes lectores de la revista se sentían mucho más cómodos.

3. Verdadera persona

Lenny Bruce, George Carlin y contracultura

La defunción del cómico de variedades era evidente a mediados de los sesenta. La aparición y masificación del público *beatnik* y contracultural se comenzaba a notar hasta en los programas de la conservadora televisión estadounidense. En *The Smothers Brothers Comedy Hour* (CBS, 1967-1969), los hermanos Tommy (1939-2023) y Dick (1937) Smothers llevaron a la pantalla las principales preocupaciones de esa juventud norteamericana a la que también se dirigían los *sick comedians* o los cantantes folk. Aderezados con las actuaciones musicales de The Who, Buffalo Springfield, George Harrison o Simon & Garfunkel, los *sketches*, los monólogos y las canciones de Tommy y Dick contenían críticas manifiestas a la guerra de Vietnam, la segregación racial o al entonces presidente de Estados Unidos, Lyndon B. Johnson (1908-1973). A pesar de que, durante su auge, en la franja de espectadores de quince a veinticinco años superaba en audiencia a su competidora, la serie *Bonanza*, *The Smothers Brothers Comedy Hour* fue cancelado por la CBS el 8 de junio de 1969 tras una multitud de zancadillas de los censores. Entre ellas, la entrega de cada programa diez días antes de su emisión para que pudiesen editarlo a su gusto. Esto provocó, por ejemplo, que en su último *show*, emitido el 4 de abril de 1969, la cantautora Joan Baez (1941) dedicase su actuación a su marido, David Harris (1946-2023), encarcelado por negarse a hacer el servicio militar previo a ser enviado a Vietnam, y que los motivos de este homenaje se eliminasen del programa finalmente televisado.[1]

Como pusieron de manifiesto los Smothers Brothers, existía un nuevo público en Estados Unidos al que no le interesaban cómicos que ejecutasen rutinas guionizadas que mostrasen a un personaje «aparte de la existencia», a un personaje que les empujase a evadirse de sus vidas cotidianas como ocurría con los *entertainers* de variedades. Para esta joven generación de estadounidenses se trataba justamente de lo contrario. Querían encontrar líderes, Hombres Públicos Norteamericanos que les ayudasen a comprender la situación política que estaban viviendo y, a un tiempo, a entenderse a sí mismos. Apuntilla el periodista Richard Zoglin: «El cómico de variedades busca elementos cómicos en la realidad, el *new comedian* hace de la realidad un elemento cómico».[2]

Se necesita reivindicar un lugar para el arte del *stand-up* en la cultura psicodélica norteamericana,

---

1. Para interesados en este *show*, son imprescindibles David Bianculli, *Dangerously Funny. The Uncensored Story of the Smothers Brothers Comedy Hour,* Nueva York, Touchstone Books, 2010, y el documental *Smothered* (Maureen Muldaur, 2002).

2. Richard Zoglin, *Comedy at the Edge. How Stand-up in the 1970s Changed America,* Nueva York, Bloomsbury, 2008.

tanto en su construcción como en sus interrelaciones y, finalmente, en sus mutaciones.[3] Centrémonos en el ojo del huracán donde todo esto se produce: la década de los sesenta y la masificación del humanismo hippie. Todo se trata de ti y de tu interior: «Try to realise it's all within yourself» («Intenta darte cuenta de que todo está en tu interior»), bala George Harrison[4] en el popularísimo «Within You Without You» incluido en el clásico *Sgt. Pepper's Lonely Hearts Club Band* (1967) de los Beatles. En este punto, el *stand-up* se emparenta con otras disciplinas de esa revolución: haz tu propia música que hable de ti y de tu generación (Dylan, los Beatles o The Who[5]) o haz tu propio cine que hable de ti y de tu generación (*Easy Rider*, de Dennis Hopper, de 1969, o *El graduado*, de Mike Nichols, de 1967). Con esta filosofía los *sick comedians* se introducen

---

3. Al hablar de mutaciones pienso en Bill Hicks (1961-1994) teloneando los conciertos de la banda de metal progresivo Tool, en Steve Martin protagonizando comedias «para toda la familia» como *El padre de la novia* (1991) o *Doce en casa* (2003), o en Bill Maher (1956) convertido en uno de los referentes del columnismo político estadounidense.

4. El 26 de octubre de 1966 George Harrison acudió a recoger a su maestro en el sitar y gurú indio, Ravi Shankar, al aeropuerto de Londres. Harrison vestía el traje tradicional indio y se encontró a Shankar de traje clásico y corbata, cual ejecutivo británico.

5. «La gente trata de desmoralizarnos (hablo de mi generación) / Sólo porque salimos adelante (hablo de mi generación) / Las cosas parecen terriblemente frías (hablo de mi generación) / Espero morir antes de hacerme viejo (hablo de mi generación)», cantan todavía hoy (2024) Roger Daltrey y Pete Townshend, próximos a la ochentena.

de lleno en el corazón de esos Estados Unidos en transformación.

A pesar de que los *shows* de variedades seguían siendo muy populares (uno de ellos, el televisivo *Ed Sullivan Show*, aún fue masivo durante toda esa década, incluyendo pequeños guiños al exterior, como la presencia de los Rolling Stones o The Doors), este nuevo público buscaba algo distinto: una mirada al interior del *stand-up*, lo que implicaba para el cómico la creación y el desarrollo de su verdadera persona. Definámosla: sería la verdadera persona ese papel que interpreta la persona verdadera (el cómico) en lugar de un personaje teatral, producto de una ficción guionizada. Frente a un texto escrito por un guionista que, desde la perspectiva del espectador contracultural, le aleja de la «realidad», la verdadera persona muestra al artista «tal y como es». Por tanto, el *sick comedian* contracultural se organizaría en escena siguiendo el esquema de abajo, con tal de conectar con el público y, lo explicaré más adelante, en ocasiones sin ser consciente de dicho proceso:

Persona   ⟷   [Verdadera persona = verdadera   Personaje]

Dicha verdadera persona no deja de ser una verdadera historia del tipo de aquellas que se utilizan en terapia y que aquí describe el profesor de Psicología Marino Pérez: «La clave de las explicaciones que funcionan en psicoterapia no está tanto en que sean explicaciones verdaderas como en que sean verdaderas explicaciones, plausibles, verosímiles y aceptables, mitos: no tanto historias verdaderas como verdaderas historias».[6] Por tanto, los asistentes a un *nightclub* no escuchaban a la persona verdadera del *sick comedian*, pero sí a la verdadera persona del *sick comedian*, quien vendía[7] al grupo social al que pertenecía su público el mito plausible, verosímil y aceptable de estar contemplando a alguien que se muestra «tal y como es».

Tengo muy en cuenta lo que señala el lingüista Domingo Caballero para definir con cuidado el «a quién» se dirigían los *sick comedians* si queremos entender todo el proceso resultante: «[El análisis crítico de un arte] está vacío si no se le sitúa en el gusto correspondiente a los grupos sociales. Ello supondrá que sabemos qué grupos constituyen una cultura, que sabemos cuáles son sus características, que conocemos sus enfrentamientos, puesto que los subgrupos sociales lo son y poseen identidad como tales merced a una batalla que genera modificaciones permanentes. Se trataría de una sociología dialéctica como trasfondo último. Hay que tener cautela cuando se trabaja con conceptos antropológicos indefinidos, por ejemplo, *estilo americano*».[8] La verdadera persona es, entonces, la representación de *esa* persona que *ese* público (sesentero, de clase

---

6. Marino Pérez, «Anatomía de la psicoterapia: el diablo no está en los detalles», *Clínica Contemporánea*, vol. 4, n.º 1, 2013.

7. De nuevo, aquí subyace otra representación del Hombre Público Norteamericano: el charlatán de los *medicine shows*.

8. Domingo Caballero, «Espejito, espejito, ¿hay algo más oscuro? Sobre *Black Mirror*», en Edu Galán, ed., *Todavía voy por la primera temporada*, Madrid, Léeme, 2014.

media, norteamericano, universitario, *beat*, urbanita, humanista, lisérgico, hippie…) quería ver sobre el escenario.

Al cabo, la verdadera persona es un personaje, pero no en el sentido clásico de representación de un papel con un guion de por medio,[9] ya que aquí se elimina todo aquello que no suene a «verdad». Los asistentes, esos a los que he caracterizado en el párrafo anterior, no querían ver a un personaje que les ayudase a evadirse de la realidad. Ellos buscaban afrontar la situación política norteamericana en las universidades, delante de la policía, en la Marcha sobre Washington (1963) al lado de Martin Luther King (1929-1968) o en la acción, en apariencia insignificante, de asistir a un espectáculo de *stand-up*. Pero también deseaban acceder a la intimidad del otro sin renunciar a la suya: al igual que el voyeurismo, el cotilleo o el porno, en resumen, al igual que otras maneras de acceder a ese contenido «privado»[10] de los demás, este nuevo tipo de *stand-up* proporcionaba al espectador una celosía desde la que poder admirar el «interior» del otro sin ser visto.

9. Etimológicamente, «personaje» viene del latín *persona*, o sea, máscara usada en el teatro.

10. Entiendo lo privado como un constructo cultural nacido en el siglo XVIII, masificado en el XX y que, más allá de su supuesto inmovilismo, se ha visto y se ve sujeto a cambios, contradicciones y capitulaciones. Lo que hoy se considera privado mañana podría mostrarse sin problema en público (y viceversa). En ese sentido hay que leer, en un reclinatorio, los cinco volúmenes de *La historia de la vida privada* coordinados por Philippe Ariès y Georges Duby (trad. de Francisco Pérez, Madrid, Taurus, 2017).

Y los cómicos los dejaban admirar a su verdadera persona, previo pago de una entrada, en algunos casos incluso sin ser consciente el propio artista de que ese «yo» que llevaba al escenario no era más que otro papel. Como ya he explicado, los *sick comedians* nacen y se desarrollan dentro del mismo ambiente que su público, justo en medio de la revolución contracultural. De esta manera, a un tiempo, intervenían en el cambio tanto como el cambio intervenía en ellos. Estaban, en definitiva, atrapados en un discurso humanista que modificaba su percepción de sí mismos hasta llegar, en algunos casos, a autoconvencerse inconscientemente de que lo que llevaban al escenario no era un papel, sino que era a «ellos mismos».

Aunque me gustaría, no es cuestión de entrar aquí en las consecuencias que esta exigencia ha tenido en la actual sociedad de consumo, en la que el público occidental (u occidentalizado) demanda la visibilización de la «vida privada»[11] del artista en formatos audiovisuales tan diversos y, gracias al abaratamiento de la tecnología, tan sencillos de producir como el *reality show*,[12] las redes sociales o el selfi de un instante «íntimo». A esto se añade la obligación, exacerbada en los últimos años, de exhibir la moralidad de la persona frente a las otras moralidades, en competición salvaje. Esta deriva la expli-

11. Esto no sería más que otra representación de la verdadera persona.
12. Parece lógico que el primer *reality show* moderno se estrenase en 1971, justo cuando el humanismo hippie se masificaba: *An American Family* (Craig Gilbert, PBS) documentaba en doce capítulos la vida de una familia californiana.

co con más detalle en mi ensayo *La máscara moral* (Debate), publicado en 2022: en el capítulo 6 de este libro simplemente la esbozaré al hablar del *stand-up* identitario.

Pero, con tal de contextualizar el ambiente donde se desarrolla la verdadera persona en el *stand-up* y la exigencia del público de dicho papel en escena, no debemos olvidar que, justo en la década de aparición de los *sick comedians*, comienza también la época de la popularización de la «búsqueda de uno mismo», ese todo del que todo necesitaba y necesita hoy estar impregnado, incluso dentro del artificio del *nightclub*. Escribe el psicoanalista Erich Fromm (1900-1980) en *El miedo a la libertad* (1941):[13] «El yo original es el yo que origina todas las actividades mentales. El pseudoyó es sólo un agente que representa el papel que la persona debe interpretar». Al completar su pirámide de necesidades humanas, el psicólogo Abraham Maslow (1908-1970)[14] propone que en lo más alto, sustentadas por necesidades fisiológicas (comida, sueño…), amorosas o de seguridad, el orden psicológico en la persona debe completarse con conceptos como la autotrascendencia, la automotivación o la autoestima. Redondea a los anteriores el psicólogo humanista Carl R. Rogers (1902-1987), cuando afirma en su libro *El proceso de convertirse en persona* (1961) que «el objetivo más deseable para el individuo, la

13. Erich Fromm, *The Fear of Freedom*, Nueva York, Farrar & Rinehart, 1941.
14. Abraham Maslow, «A theory of human motivation», *Psychological Review*, vol. 50 (4), julio de 1943.

meta que persigue a sabiendas o inconscientemente, es llegar a ser él mismo». Y añade:

> Mi propósito es comprender cómo se siente en su propio mundo interno, aceptarlo tal como es y crear una atmósfera de libertad que le permita expresar sin traba alguna sus pensamientos, sus sentimientos y su manera de ser. ¿Cómo emplea el cliente esta libertad? En mi experiencia, he observado que la utiliza para acercarse a sí mismo. Comienza a abandonar las falsas fachadas, máscaras o roles con que ha encarado la vida hasta ese momento. Parece tratar de descubrir algo más profundo, más propio de sí mismo.[15]

El doctor Timothy Leary (1920-1996) afirmaba que el LSD servía para encontrar al «yo interior»; en la música, los Beatles con su «The Inner Light» (1968) o The Doors con «Break on Through (To the Other Side)» (1966), las novelas *Alguien voló sobre el nido del cuco* (1962) de Ken Kesey o *Myra Breckinridge* (1968) de Gore Vidal… Las citas que podría recopilar en todas las disciplinas (artísticas, filosóficas, psicológicas…) de la época son múltiples. Este conglomerado sociológico y psicológico florece sobre las bases conceptuales del humanismo contracultural, hiperreflexivo y hippie que marcó los sesenta y que, como milimétricamente demuestra el cineasta Adam Curtis en la serie documental *El siglo del yo* (BBC, 2002),

---

15. Carl R. Rogers, *El proceso de convertirse en persona*, trad. de Liliana R. Wainberg, Barcelona, Paidós, 2000.

las doctrinas neoliberales acabaron absorbiendo como mantra y la industria publicitaria como abono para la sociedad de consumo de finales del siglo XX y principios del XXI.

Con todo este movimiento cultural a su alrededor, compartiendo los mismos escenarios con músicos y actores, consumiendo las mismas drogas con escritores y cineastas y, por tanto, formando dialécticas con el ambiente en el que viven, se pide a los *sick comedians* que sean «totalmente honestos» con su público (no como los cómicos de variedades y sus falsas máscaras), que exhiban su «yo interior», que enseñen «todo lo que verdaderamente son» y, en un momento de catarsis (nadie lo ejemplificaría mejor en el *stand-up* que Lenny Bruce, como veremos más adelante), se «muestren verdaderamente» ante su audiencia, aun en sus momentos de locura.

Una de las consecuencias de la exigencia de la verdadera persona en el *stand-up* es la desaparición de los dúos cómicos (casi relegados a Mike Nichols y Elaine May, de los que hablaré después) porque lo que interesa ya no es un diálogo entre dos personas en el escenario, sino un diálogo entre el *stand-up comedian* y el público en el que los dos sean sujetos activos. Uno, desde el escenario, mostrando su individualidad y otros, desde las plateas, compartiendo dicha exposición íntima y asociándola con las suyas. Se trata de provocar experiencias emocionales que apelen al día a día del público y que, de alguna forma, eliminen todo aquello que es «falso»: las antiguas generaciones, el Gobierno, la vida en las ciudades, la música no politizada… Esta búsqueda también implica un menor uso de la estructura del chiste clásico («Entra un hombre en un bar…», «Un negro, un blanco y un indio que…») como recurso cómico, ya que por estandarizado se aleja el argumento del monólogo del yo, en suma, de «la verdad».

Así, como ya he dicho, Bob Hope y su generación (Joey Bishop, el gran Don Rickles…) empiezan a asociarse a una época pasada, y entonces surgen los *sicknicks*, bautizados por la revista *Time* en 1959 a partir de otra caracterización mediática, la de los *beatniks*.[16] La propia publicación, al entender más tarde que su discurso se movía por más temáticas que la política, reformularía esta etiqueta de *sicknicks* y en 1960 pasaría a llamarlos *the new comedians*, ya con Mort Sahl en portada y preparados para alcanzar con su arte a las grandes masas.

Designaba la edición de *Time* de 1959 a siete *stand-up* como representantes de esta nueva tendencia. De arranque me detengo en seis de ellos, porque me ocuparé más adelante de Lenny Bruce: Mort Sahl, del que ya he hablado, también el primer cómico en grabar un LP; la encantadora juventud tontorrona del dúo del después cineasta Mike Nichols[17] (1931-2014) y Elaine May (1932); Shelley Berman (1925-2017), conocido por interpretar al

16. Aparte de esta simplificación y de compartir los mismos clubes nocturnos en Nueva York o San Francisco, los *sicknicks* quedarían asociados a la generación *beat* de por vida: de los segundos también heredan la necesidad de «ser uno mismo» por encima de todas las cosas.

17. Director de monumentos como *El graduado* (1967), donde representaba un catálogo con las preocupaciones de esa generación joven de la que hablo aquí, *Trampa 22* (1970), *Conocimiento carnal* (1971), *Primary Colors* (1998) o *Closer* (2004).

padre de Larry David en la serie *Curb Your Enthusiasm* (HBO, 2000-2024); el compositor de canciones satíricas Tom Lehrer (1928) y Jonathan Winters (1925-2013), probablemente uno de los cómicos más dotados de su generación: capaz de interpretar, de hacer voces y disfrazarse, de perpetrar *stand-up*... y olvidado. Además de los nombres que cita *Time*, considero que, por sus semejanzas, habría que añadir a este grupo a otros tres *stand-up:* Woody Allen, Dick Gregory y George Carlin.

Los monólogos del entonces futuro cineasta Woody Allen (1936) discurrían entre el absurdo, su día a día como perdedor o sus relaciones (fallidas) con mujeres[18] pero compartía con la generación de *sicknicks* su preocupación por la política o la religión. Para comprobarlo merece añadir a este texto una entrevista del programa *The Woody Allen Special* (CBS, emitido el 21 de septiembre de 1969) en la que Allen interrogaba al pastor evangélico Billy Graham (1918-2018). El corte completo está disponible en YouTube y en él se pone en (sorprendentemente amable) contraposición a una de las figuras de la nueva ola de *stand-up* frente a uno de los representantes religiosos –y, por tanto, políticos– reaccionarios más característicos de Estados Unidos.

> BILLY GRAHAM: Tú has probado muchas cosas, pero todavía no te has encontrado con Dios. Esa es la más grande de todas las experiencias. No me gustaría nada que te la perdieses.

18. No existen demasiadas grabaciones en vídeo de sus actuaciones, pero recomiendo fervientemente una muy popular: «The Moose» («El reno»), que se puede encontrar en YouTube.

WOODY ALLEN: Y a mí también me fastidiaría, si Dios estuviese ahí, claro.

Otro de los olvidados por la lista de *Time* en 1959 fue Dick Gregory (1932-2017), el único *stand-up* negro del grupo. Aunque Bill Cosby (1937) rondase la escena del Greenwich Village neoyorquino de los sesenta, considero decisiva la significación política y la actitud contestataria de Gregory para otorgarle un mayor interés que a Cosby. Dicho esto, si comparamos la popularidad de ambos, no hay duda. Cosby se convirtió en uno de los *stand-up* masivos más importantes de las décadas posteriores gracias a su llegada a la televisión, con *shows* normalizadores (o «blanquizadores»[19]) del afroamericano en la pequeña pantalla como las *sitcoms The Bill Cosby Show* (NBC, 1969-1971) y *The Cosby Show* (NBC, 1984-1992), emitida con gran éxito en España.[20] En

19. Se trataría de un proto-*blackwashing*. El uso de negros en anuncios, películas o series para, de forma hipócrita, resaltar la solidaridad espuria de la cadena o la productora con toda esa raza.

20. Una crítica mordaz del conservadurismo encubierto de Cosby en esta serie la perpetra *Los Simpson* (Fox, 1989) mediante el personaje del doctor Julius Hibbert, un sosias del doctor Huxtable, el médico interpretado por Cosby: jerséis horribles + gran familia afroamericana + afiliación al Partido Republicano. La falta de compromiso de Cosby contra la guerra de Vietnam y a favor de los derechos civiles de los afroamericanos ya había sido despellejada públicamente por, entre otros, Tommy Smothers, la mitad del dúo Smothers Brothers. La respuesta del cómico negro, entonces ya una superestrella, se hizo esperar: durante una fiesta en la Mansión Playboy en octubre de 1976 le pegó un puñetazo a Smothers. «¡Levántate! ¡Te voy a dar una paliza!», gritaba Cosby mientras Smothers todavía comía suelo.

cambio, Gregory actuaba desafiando a la mayoría blanca desde 1961, cuando el creador de *Playboy*, Hugh Hefner, lo descubrió en un pequeño club para negros de Chicago y le oyó soltar lo siguiente en el escenario: «La última vez que fui al Sur entré a un restaurante y la camarera blanca me dijo: "No servimos a negros". Le contesté: "Perfecto. Yo no como negros. Tráigame un pollo frito". Entonces aparecieron tres chicos blancos y me advirtieron: "Jefe, te estamos avisando. Lo que le hagas a ese pollo te lo haremos a ti". Dejé el cuchillo y el tenedor, cogí el pollo y le di un beso. Después dije: "¡Poneos en fila, chicos!"». Al instante, Gregory firmaba un contrato para actuar en los Playboy Clubs alrededor del país.

De entre todos ellos, el tiempo ha colocado a Lenny Bruce (1925-1966) como la figura esencial para entender el nuevo *stand-up* norteamericano y para ejemplificar de forma canónica el ejercicio de la verdadera persona en el escenario. En poco más de una década, Lenny perpetra una revolución contracultural, norteamericana, (muy) solitaria y difícilmente comparable. Lenny es el cómico formado en las variedades predestinado a destruirlas, es un *stand-up* que ejercita el papel de *entertainer* clásico en la década de los años cuarenta y, posteriormente, lo desecha en los años cincuenta y sesenta. Con él, Bruce manda a la mierda a toda una generación de humoristas: como si les hubiese pasado una apisonadora por encima, se quedan viejos. Sus directos no sólo constituyen un desafío al público asistente, sino una afrenta a todo un país, que se verá obligado a revisar el papel de la Primera Enmienda de la Constitución. Esta brutal batalla hará que quede irremediablemente ligado a la caracterización de Hombre Público Norteamericano que he defendido en el prólogo.[21] En sus monólogos, Bruce violentó la lingüística establecida con el objetivo de derruir los estándares de la corrección política sobre un escenario (por ejemplo, su rutina sobre la ambivalencia del verbo *to come* es antológica),[22] ridiculizó a la Iglesia (probablemente este fue su peor error y el desencadenante de su calvario judicial; sin embargo, su monólogo *Religion Inc.*, en el que negocia con el papa la compra de un coche, permanecerá por los siglos de los siglos en la historia de la literatura junto a los versos de san Juan de la Cruz)[23] y, acorralado por la policía, se enfrentó al Gobierno inmolándose en escena a cambio de perpetuar en las futuras generaciones el arquetipo que representaba.[24] Enajenado por la persecución de los agentes del orden y de la justi-

21. Es paradigmático que su autobiografía se titule *Cómo ser grosero e influir en los demás* (Chicago, Playboy Publishing, 1965; editada por Malpaso en España en 2015), enraizándolo aún más con el Hombre Público Norteamericano: su título proviene del best seller de autoayuda *Cómo ganar amigos e influir sobre las personas*, publicado en 1936 por el experto en ventas y marketing y gran caradura Dale Carnegie (1888-1955).

22. Se puede encontrar en el LP *To Is a Preposition; Come Is a Verb*, publicado de manera póstuma en 1970.

23. Resuena el paralelismo entre el último tramo de la carrera del cómico norteamericano y estos versos del poeta abulense (1542-1591) en las *Coplas hechas sobre un éxtasis de harta contemplación*, recogidos en el códice de Sanlúcar: «Estaba tan embebido / tan absorto y ajenado / que se quedó mi sentido / de todo sentir privado».

24. Graznaba Bob Dylan en su espléndido homenaje «Lenny Bruce» (1981): «Lenny Bruce ha muerto, pero su fantasma vive para siempre».

cia a principios de los sesenta, en lugar de ejecutar los monólogos críticos con los que ganó la fama, Lenny comenzó a dedicarse a leer en escena las condenas y multas que le ponían por representarlos. En definitiva, se convirtió en una sombra de sí mismo, grotesca y obsesiva. La carrera de Bruce derivó entonces hacia una imagen terrible: la del cómico que hacía circunloquios sobre asuntos que sólo le concernían a él y que, en consecuencia, no hacían gracia.[25] El *stand-up* Bill Maher lo confirmó en una entrevista: «Cuando sus monólogos empezaron a ser sobre sus juicios, Lenny dejó de ser gracioso».

Para entender este proceso de inmolación, creo necesario regresar al concepto de «verdadera persona». Bruce, acosado por las autoridades (a partir de su aparición en *Time* –1960– y en *Playboy* –1961–, lo arrestaban cada vez que se subía a un escenario)[26] y sin dinero porque las salas se negaban a contratarlo, optó por eliminar de golpe a su verdadera persona. Cada noche subía al escenario el propio Bruce, la carne del propio Bruce, de la persona verdadera Bruce: con sus diatribas muy serias contra el *establishment*, con sus representaciones de juicios en los que él era el acusado, con sus lecturas de páginas y pági-

25. Una buena primera aproximación a la figura de Lenny Bruce es la película *Lenny* (Bob Fosse, 1974), protagonizada por un extraordinario Dustin Hoffman.

26. Aquí hay un listado detallado de los múltiples encontronazos de Bruce con la justicia: <http://law2.umkc.edu/faculty/projects/ftrials/bruce/brucechrono.html>. Provienen del libro de Ronald Collins y David M. Skover *The Trials of Lenny Bruce: The Fall and Rise of an American Icon*, Naperville, Sourcebooks, 2002.

nas de denuncias y sentencias. A nadie le hacía gracia un judío de Brooklyn paranoico, desmejorado, perseguido por la justicia, drogadicto... O lo que es lo mismo: la persona verdadera Lenny Bruce no tenía gracia. Ellos querían al Lenny con *delivery*[27] de jazz (esa voz, esa voz, esa voz de «chas-chas-chas»), querían al Lenny rebelde, querían al Lenny del principio, no querían al Lenny derrotado. Querían, como cualquier espectador, que se les mintiese. Aquel Lenny en decadencia aguantaría muy poco tiempo en escena. Se suicidó –tal vez se equivocó con la cantidad de morfina– en agosto de 1966.

Justo una década antes del mayor boom del *stand-up* en la historia de los Estados Unidos. Habla George Carlin:

> El policía se puso de pie y creo que dijo las palabras «Vale, amigos, el *show* se ha terminado», el típico cliché que la policía utiliza para buscar las risas fáciles. Empezaron a pedirnos la documentación y nos hicieron salir por la única puerta del club, de uno en uno. Básicamente, lo que querían hacer era cazar a algún menor de edad para meter en problemas al local. Y entonces encontraron a esta chica, que creo que tenía quince años. Mientras tanto, nosotros seguimos bebiendo cerveza y emborrachándonos hasta que registraron a todo el mundo. De hecho, queríamos ser los últimos en salir sólo para ver cómo era todo aquello. Cuando terminaron, uno de los policías se me acercó y me dijo: «Identifíquese». Le contesté: «No creo en

---

27. Véase el glosario final.

identificaciones», únicamente por hacerme el listillo irlandés borracho al que tampoco le gustaba demasiado la autoridad. Nunca he respetado demasiado las prohibiciones: siempre he tratado de tocar los huevos a los agentes de la ley. El policía se enfadó, me cogió por la pechera de la chaqueta, me fue empujando escaleras abajo, donde había una especie de paso entre el bar y una zona de cócteles. Yo sabía que ahí estaba uno de mis amigos. Grité: «Tom, me llevan a la cárcel», y me empujaron hasta una furgoneta de la policía. Dentro había un escritor de la *Swank Magazine*[28] y, sí, creo que también estaba Lenny Bruce.[29]

Pero ¿por qué la bofia decide suspender el *show* de Bruce, al que asistía George Carlin, en el *nightclub* The Gate of Horn de Chicago en diciembre de 1962? Este monólogo, considerado intolerable por los agentes, se describe en la posterior sentencia del Tribunal Supremo de Illinois que revocó la condena por obscenidad al cómico dos años después:[30]

La actuación de Leonard Alfred Schneider, también conocido como Lenny Bruce, consistía en un monólogo de cincuenta y cinco minutos que trataba numerosos temas socialmente controverti-

28. Una revista pornográfica, popular en Estados Unidos en esa época.

29. Testimonio recogido en el audio-CD que viene con el libro *The Trials of Lenny Bruce: The Fall and Rise of an American Icon*.

30. Aparece en «Legal Opinions Relating to Obscenity Prosecutions of Comedian Lenny Bruce»: <http://law2.umkc.edu/faculty/projects/ftrials/bruce/brucecourtdecisions.html>.

dos, intercalados con asuntos tan poco relacionados con ellos como el encuentro de un violador psicótico con una ninfómana, ambos fugados de sus respectivos psiquiátricos; las relaciones íntimas del acusado con tres mujeres casadas, y una supuesta conversación con el trabajador de una gasolinera en un baño de la misma que acaba con la sugerencia de que el acusado y el trabajador se colocan anticonceptivos y se hacen fotos. El testimonio fue que el acusado hizo movimientos que sugerían la masturbación y los acompañó con comentarios vulgares, y que las personas que se salían de la sala eran abordadas con consejos y preguntas vomitivas. La actuación completa estaba pensada para referirse continuamente, mediante palabras y gestualidad, al acto sexual o a los órganos sexuales utilizando términos que adultos normales encontrarían desagradables y vomitivos, así como manifiestamente ofensivos.

En este ambiente, detallado maravillosamente en el texto legal anterior, se conocieron Bruce y Carlin. En este ambiente Bruce comenzó a cambiarle la vida a Carlin. Entonces el primer George era, como el primer Lenny, un cómico de variedades que actuaba con su compañero Jack Burns (1933-2020) bajo el nombre de Burns and Carlin. Pero, a finales de los sesenta, George Carlin era otro. Decidió que tocaba transformarse física y espiritualmente en un hippie, en un *class clown*,[31] en alguien, como sentenció Bill Maher, «que su yo anterior no recogería

31. *El payaso de la clase;* tituló su LP en directo de 1972.

haciendo autostop». George Carlin explicó este profundo cambio en una extensísima entrevista para la academia de la televisión norteamericana en la que cuenta en primera persona algunos de los puntos que he desarrollado antes al tratar de explicar la enorme ruptura que supuso para el *stand-up comedy* la aparición de la contracultura y del hippismo, con la exigencia del público de ver a una verdadera persona en escena.

[En mi época con Jack Burns] tenía un sueño *mainstream:* ser DJ, luego, cómico y, después, actor. Soñaba con tener un gran éxito. Pero, mientras tanto, yo vivía realmente fuera de la ley y era un rebelde. [...] Me habían echado de mil sitios, [...] era el tipo de gente que nadaba a contracorriente, que estaba en contra de lo que el *establishment* quiere para nosotros, pero no sabía nada de mí mismo porque ese sueño me estaba cegando. [...] No sabía que esta disonancia estaba dentro de mí. En el periodo en el que me estaba ocurriendo todo esto, en los sesenta, la contracultura aún se estaba formando, con organizaciones como el Movimiento por la Libertad de Expresión, que empezó en Berkeley, y los hippies irían aumentando en número hasta convertirse en un grupo de fuerza, y estaban la paz y el amor y la *flower power* y la marihuana y el antiautoritarismo... El antiautoritarismo... Tilín, tilín, me sonó la campana. Destruir el *establishment*... Me sentía atraído por esa idea porque yo realmente era esa persona. Y la gente con la que andaba también era así: los músicos que conocí a finales de los cincuenta habían pasado una larga transición y, de pronto, parecían diferentes. Su música también había cambiado. Escuchaba a Buffalo Springfield, Bob Dylan… Y entendí que estos artistas utilizaban su talento para proyectar sentimientos e ideas, no solo para contentar a la gente. De repente, encontré mi lugar. […] En el verano del amor, en 1967, la cima del hippismo, yo tenía treinta años y estaba entreteniendo a gente de cuarenta en *nightclubs*, gente que estaba en guerra con sus hijos de veinte años. Era una guerra generacional y yo estaba en el medio. Y pensé: «¿Qué cojones hago yo aquí?». Me llevó dos años cambiar. […] Había negado esa parte de mí y, finalmente, fui consciente[32] de mí mismo.[33]

Después de esta profundísima transformación, la tarea mesiánica de Carlin en el mundo se centró en sobrevivir a Lenny Bruce y reivindicarlo con la Constitución estadounidense debajo del brazo. El cantautor folk Woody Guthrie (1912-1967) llevaba inscrita en su guitarra la frase «Esta máquina mata fascistas». La máquina de matar fascistas de Carlin fue su pieza de 1972: «Las siete palabras sucias que no se pueden decir en televisión». Heredada de Lenny Bruce,[34] la

32. La entonces inconsciencia de Carlin choca con la plena consciencia de Dylan. En 1963, cuando el músico Tony Glover le preguntó por la letra que estaba escribiendo, «The Times They Are a-Changin'», el cantautor respondió: «Bueno, ya sabes, es lo que la gente quiere escuchar».

33. Entrevista a George Carlin de la academia de la televisión norteamericana realizada el 17 de diciembre de 2007. Se puede ver íntegra en <https://interviews.televisionacademy.com/interviews/george-carlin>.

34. En el caso de Bruce fueron nueve palabras, las siete de Carlin más «culo» y «pelotas».

concatenación de los términos «cagar», «mear», «follar», «puta», «chupapollas», «hijo de puta» y «tetas» fue el sermón que utilizó para volver a remover los cimientos de la Primera Enmienda y que, inevitable, lo llevó a ser arrestado durante un *show* en Milwaukee y a ser objeto de persecuciones legales de asociaciones de ultraderecha como la cristiana Morality in Media por soltar estas siete palabras una tarde en la radio. Esta denuncia derivó en una resolución del Tribunal Supremo en 1978 por la que se restringía la utilización de lenguaje ofensivo en los medios norteamericanos durante el horario infantil.[35]

Azuzado por la cadena HBO, que desde 1977 le pedía un monólogo completo de una hora cada dos años, el caso de Carlin es asombroso. De sus diecinueve álbumes[36] y quince especiales televisivos quizá su mejor producción llegase con el cambio de siglo, contradiciendo todos los prejuicios sobre creación artística que asumen que los mejores años son los de juventud. Consigue George algo que Lenny ni se imaginaba: llegar a viejo. Pero lo mejor es que ni siquiera el propio Carlin se lo esperaba. Debido a una vida de exceso(s) y drogadicción(es) sufrió tres ataques al corazón, una arritmia que necesitó de una operación quirúrgica, un fallo cardiaco casi mortal y tuvo que

35. El proceso está detallado en el interesantísimo libro de Richard A. Parker, *On Trial: Communication Perspectives on Landmark Supreme Court Decisions*, Tuscaloosa, University of Alabama Press, 2003.

36. Atentos al LP *FM & AM* (Little David Records, 1972). Por una cara (AM) y en sonido mono, su antiguo yo, el cómico de variedades. Por la otra (FM) y en sonido estéreo, su nuevo yo hippie.

ser intervenido con dos angioplastias para reabrir sus arterias. Esta salvación milagrosa lo enlaza con otra de las representaciones del Hombre Público Norteamericano: el profeta. Como el Jesucristo mormón, Carlin resucita y recorre las Américas con el fin de difundir la (su) palabra. Y uno no regresa de entre los muertos para callarse: en el final de su vida, sus especiales *Complaints and Grievances* (HBO, 2001), *Life Is Worth Losing* (HBO, 2005) e *It's Bad for Ya* (HBO, 2008) dejaron pulsado, con acritud, acracia y ateísmo, el botón rojo de los *stand-up* del siglo XXI, completando, perfeccionando y perpetuando el legado de Lenny Bruce.[37]

De la misma manera que Joseph Smith Jr., George Carlin reunió en sí mismo todas las representaciones del arquetipo del Hombre Público Norteamericano: fue cómico, predicador, vendedor, colono y político. Fue, en definitiva, un hombre que se subía a un escenario y articulaba un discurso desde el «sí mismo» para emocionar y exhortar a sus compatriotas a la acción o, lo que es lo mismo, a la salvación de sus almas. Termino este capítulo con la primera frase que George Carlin soltó en su especial casi póstumo, *It's Bad for Ya*, un resumen de su actitud ante la vida: «Que Lance Armstrong se vaya a tomar por el culo. Que le jodan a él, a sus pelotas, a sus *maillots* amarillos y a la estúpida expresión de su cara. Estoy cansado de ese gilipollas. Y ya que estamos: ¡que le

---

37. Obligado visionar *El sueño americano* de George Carlin (HBO, 2022), una serie documental donde Judd Apatow y Michael Bonfiglio detallan hasta la extenuación la vida y obra del cómico. Ganó, con todo merecimiento, el premio Emmy al mejor documental de ese año.

jodan a Tiger Woods también! […] Que se vayan a tomar por el culo él y todos aquellos que nos dicen a quién tenemos que admirar».

4. *Stand-up everywhere*

El estallido de los setenta y ochenta: fechas, personas y lugares clave

> La cultura de masas no ha ocupado en realidad el puesto de una supuesta cultura superior; se ha difundido simplemente entre masas enormes que antes no tenían acceso al beneficio de la cultura.
>
> UMBERTO ECO[1]

Los comedy clubs

Budd Friedman (1932-2022) funda en 1963 el club de comedia The Improv en Hell's Kitchen, un barrio de Nueva York. Su éxito es casi inmediato y comienza a abrir nuevos locales como franquiciado. El *stand-up* sale de los *nightclubs* y empieza a residir en estos negocios temáticos, con un menú de varios cómicos ejecutando sus monólogos desde la tarde hasta la madrugada. Además, si querías y pagabas, te daban de comer. Después de The Improv, se inauguran The Comedy Club en Nueva

---

1. Umberto Eco, *Apocalípticos e integrados,* trad. de Andrés Boglar, Barcelona, Lumen, 1968.

York (1976), The Comedy Store en Los Ángeles (1972) o el Laugh Factory, también en Los Ángeles (1979)... y la demanda de *stand-up* en directo se multiplica.

Johnny Carson y The Tonight Show

Aunque mantendría la estructura del *late night show* que habían conformado los presentadores previos, Steve Allen (1921-2000) y Jack Paar (1918-2004), los treinta años de Johnny Carson (1925-2005) al frente del programa *The Tonight Show* (de 1962 a 1992) supusieron uno de los espaldarazos más importantes para el *stand-up* en medios de masas y, por extensión, para su popularización. Además de su monólogo inicial, Johnny Carson cedió espacio en su *show* a futuras figuras como Jerry Seinfeld, Steve Martin, Bill Maher, Robin Williams, Jim Carrey, Ellen DeGeneres, Chevy Chase, Garry Shandling, Albert Brooks, Richard Lewis... Por allí merodeaban todas las noches y expandían el impacto del *stand-up* alrededor de Norteamérica.

8 de noviembre de 1972

Casta invencible (1970), una película dirigida y protagonizada por Paul Newman, fue la primera emisión de HBO, el canal que iba a especializarse en producir para televisión los especiales de algunos de los mejores cómicos estadounidenses. George Carlin, Chris Rock, Lewis Black, Wanda

Sykes… y una lista interminable de nombres a los que HBO pedía especiales cada dos años, espoleándolos para que escribiesen, escribiesen y escribiesen.

Steve Martin

«Alguien me dijo "quieres parecerte a los Eagles". Como tampoco estaba llamando mucho la atención, tomé una decisión. En vez de estar a la cola de un movimiento antiguo, encabezaría uno nuevo». Steve Martin relataba de esta manera en su documental *Steve! (martin)* (Morgan Neville, 2024) su transición desde el hippismo y alrededores –fue guionista de *The Smothers Brothers Comedy Hour*– hasta una nueva propuesta de stand-up a mediados de los setenta. Se componía su revolución de una suerte de habla desbocada, incoherente a ratos, agitada con un físico asombroso y una gran cantidad de frases cómicas recurrentes. En sus rutinas la política y la denuncia *have left the building*. Dentro, de la contracultura permanecían el situacionismo, los *happenings*, el vodevil o una suerte de surrealismo. La prueba de que los tiempos estaban cambiando y los combativos sesenta quedaban atrás: Martin comenzó a llenar estadios con monólogos, canciones y disfraces y, aún a día de hoy con la excelsa *Sólo asesinatos en el edificio* (Disney+, 2021-), mantiene su figura totémica de la comedia norteamericana.

Saturday Night Live y *Andy Kaufman*

Estrenado con George Carlin como presentador el 11 de octubre de 1975 y aún hoy en antena, el programa de Lorne Michaels, *Saturday Night Live*, participó activamente en la proliferación del *stand-up* alrededor del país. El formato regresa a la estructura del espectáculo de variedades: todos los sábados un presentador invitado conduce un espacio en el que participa un reparto de cómicos más o menos estable. En su escaleta conviven imitaciones, *sketches* políticos, gags físicos, entrevistas humorísticas, música, bailes, animaciones... Todo en exigente directo. En ese espacio bambolearon Steve Martin, James Belushi, Billy Crystal, Garry Shandling... y una figura esencial: el *stand-up* Andy Kaufman. Su humor surrealista, desbocado, bizarro, merecería un ensayo aparte a la altura de su muerte (¿o quizá siga vivo, disfrazado de su *alter ego* Tony Lipton?).[2]

Richard Pryor

Al igual que ocurrió con George Carlin (o Bob Dylan), la persona Richard Pryor (1940-2005) mudó de personaje varias veces antes de instalarse en su verdadera persona (un negro drogadicto, ma-

2. Sobre su figura, obligado el pase de *Man on the Moon* (Milos Forman, 1999) y del documental *Jim & Andy: The Great Beyond* (Chris Smith, 2017), que detalla el proceso de su protagonista, Jim Carrey, para transfigurarse –un cómico sacrificando, de nuevo, a su «sí mismo»– en Andy Kaufman.

chista, combativo y machacado, todo a un tiempo) y convertirse en el *stand-up* más importante de los setenta. Trasladando su vida (el famoso incidente en el que se prendió fuego o aquel en el que disparó al coche de una de sus mujeres ya son antología) y sus preocupaciones raciales al escenario, Pryor expandió la lucha del afroamericano del gueto hacia los barrios del centro, donde los chiquillos blancos encendían el televisor para engorilarse con él. Pryor coloca su nombre al lado del de James Brown, Isaac Hayes, Muhammad Ali, Angela Davis o Malcolm X en la construcción de esos Estados Unidos raciales que desembocaron en un presidente negro en 2009.

Jerry Seinfeld

Sin duda alguna, Jerry Seinfeld (1954) es el *stand-up* más popular de la historia. Una contradicción: alguien que se dedica a extirpar y analizar rutinas cotidianas, aupado a un éxito mediático excepcional. Más que por sus apariciones en *The Tonight Show* con Johnny Carson o sus especiales de televisión, el público mundial lo conoce por su *sitcom Seinfeld* (1989-1998), creada junto a otro enorme *stand-up* –desaprovechado–, Larry David (1947). Además de las constantes referencias en sus tramas, todos los capítulos de la serie se abrían y se cerraban con un extracto de Seinfeld haciendo un monólogo que podía relacionarse con el capítulo (o no). Esto supondría un consumo recurrente de *bits*[3] para

---

3. Véase el glosario final.

millones de norteamericanos que seguían la serie semana a semana, pero *Seinfeld* también materializó el paso adelante al que todo *stand-up* aspira: dedicarse a la interpretación y tener una serie propia, como advertía George Carlin en la entrevista de la academia de la televisión norteamericana que he citado previamente.

Mientras que las estrellas de rock pueden volver a sus canciones para tocarlas una y otra vez en sus conciertos, el objetivo de los mejores *stand-up* es ejecutar su obra, desecharla y protagonizar una *sitcom* o continuar escribiendo y realizando nuevas rutinas. Si seguimos estos cánones, la carrera de Seinfeld es doblemente admirable, ya que recorrió ambos caminos. Primero, protagonizó *Seinfeld* y, segundo, una vez terminada la serie, rodó un especial, *I'm Telling You For the Last Time* (HBO, 1998), en el que enterraba sus antiguos monólogos en un funeral repleto de *stand-up* dolientes que le repetían: «¿Por qué los tiras? Si son buenísimos...». Seinfeld volvía a revolucionar la comedia: rompía con el pasado, abandonaba la televisión y continuaba en la carretera con material inédito, una evolución que se puede comprobar en el documental *Comedian* (Christian Charles, 2002). Hoy sigue con los directos y los especiales grabados y ha protagonizado una serie documental esencial para entender el *stand-up* norteamericano: *Comedians in Cars Getting Coffee* (Netflix, 2012-¿2019?) donde, a bordo de un coche escogido para la ocasión, conversa con otros cómicos para explicar y que se entienda su arte. Incluso se ha lanzado al largometraje: ha dirigido, coescrito y protagonizado *Sin edulcorar* (Netflix, 2024), una comedia psicotrópica y plagada de deliciosas referencias a la historia norteamericana gracias a su temática central, la invención del dulce pringoso Pop Tart por la casa Kellogg's.

5. Puedes no hacer reír

El *stand-up* político masivo de principios del siglo XXI

A pesar de *The Smothers Brothers Comedy Hour*, los *sicknicks* o los *sketches* de Chevy Chase (1943) interpretando a un torpísimo presidente Gerald Ford en *Saturday Night Live*, jamás la política norteamericana y el *stand-up* se han apareado con tanta gana como en estas dos últimas décadas. En *La era del vacío*,[1] el filósofo francés Gilles Lipovetsky dedica un capítulo completo a la «sociedad humorística». En él describe el ambiente posmoderno en la comedia: «El personaje cómico ya no recurre a lo burlesco, su comicidad no procede de la inadaptación ni de la subversión de las lógicas, proviene de la propia reflexión, de la hiperconciencia narcisista, libidinal y corporal». Y se pregunta: «¿Quién podría negar que la tonalidad dominante e inédita de lo cómico no es sarcástica sino lúdica?». Cuarenta años después de la publicación de *La era del vacío*, el 11-S, la posterior invasión de Irak y Afganistán, la crisis económica estadounidense, motivada por el derrumbe financiero después del desplome de las hipotecas *subprime*, o la irrupción de Donald Trump, descolocan las tesis de Lipovetsky. Además,

---

1. Gilles Lipovetsky, *La era del vacío*, trad. de Joan Vinyoli Sastre y Michèle Pendanx, Barcelona, Anagrama, 1983.

en este caso parecería evidente que otra vez el medio ha ayudado al mensaje: en el pasado no se podría haber desarrollado la comedia política tal y como la conocemos (masiva y estadounidense), ya que el espacio audiovisual estaba limitado por un número de medios de comunicación mínimo y con sus propias reglas sobre la conveniencia de determinados contenidos, como ocurrió con *The Smothers Brothers Comedy Hour* en los sesenta. Internet, las redes sociales y la fragmentación televisiva, cada uno con su propia gramática para hacer humor, han provocado la súbita aparición de cientos de cómicos políticos[2] que tienen la oportunidad de desbrozar la actualidad política sin ninguna (o casi sin ninguna) cortapisa. Por último, los ocho años de mandato de George W. Bush ayudaron al *stand-up* político, al que proporcionaron ingentes contenidos. Su gobierno de presidente (aparentemente) idiota rodeado de camorreros ultrarreligiosos generó numerosas tragedias proclives a la parodia. Como muestra canónica, ahí quedan para la eternidad los siete minutos en los que el presidente Bush permaneció inmóvil después de que su equipo de seguridad le avisase del ataque terrorista del 11-S:[3] una estatua de cera mientras leía el cuento infantil *Mi mascota, la cabra* con los chiquillos de una escuela de primaria.

2. Ya no sólo es la HBO, están los cortes en redes sociales y YouTube o en la televisión, en cadenas generalistas como la NBC.

3. No reaccionó a una frase que hubiese levantado de sus tumbas a varios expresidentes muertos: «El país está siendo atacado».

El 29 de abril de 2006 el cómico Stephen Colbert perpetró un monólogo que no encajaría en las tesis sobre el posmodernismo de Lipovetsky. Durante la cena anual de corresponsales de la Casa Blanca,[4] Colbert interpretó delante del propio presidente Bush al personaje del republicano ultraconservador de su *show The Colbert Report* (Comedy Central, 2005-2014) con una subversión, ironía y mala leche ajenas a las tesis del filósofo francés. Con su tono habitual, muy entrenado, el cómico atacó al presidente con una serie de ironías groseras que hicieron que el mandatario abandonase su característica sonrisa automática para caer en una indignación contenida. Un pequeño extracto de lo que Colbert dijo a Bush:

> Me gusta este presidente porque entiende que la verdad está en tus entrañas.
>
> ¿Saben que tenemos más nervios en las entrañas que en la cabeza? Pueden comprobarlo. Algunos me dirán: «Lo he mirado y no es verdad». Eso es porque lo han buscado en un libro. La próxima vez mírenlo en sus entrañas. Las mías me dicen que así es como funciona nuestro sistema nervioso. [...] Lo mejor de este hombre es que no altera sus creencias. Sabemos de qué lado está. Cree lo mismo el miércoles que el lunes, sin importarle lo que haya pasado el martes.[5] Los acontecimientos pueden cambiar. Las opiniones de este hombre, no.

4. En dicha cena es habitual que un cómico haga una pequeña presentación humorística.
5. Referencia velada al 11-S, que cayó en martes.

[...] Estoy muy feliz de estar aquí con el presidente, pero me fastidia estar rodeado de medios izquierdistas, con la excepción de FOX News. FOX News te da las dos versiones de cada historia: la versión del presidente y la versión del vicepresidente.

En el ensayo *From Cronkite to Colbert*,[6] el periodista Geoffrey Baym afirma que los presentadores de noticias de la vieja escuela[7] han sido sustituidos por cómicos que, mediante la ironía, la sátira y la parodia, han encontrado otra forma de informar al público sin perder la credibilidad de los antiguos periodistas, hoy erosionada por el control de los medios por parte del poder financiero y la atomización descreída de internet. El cómico hoy se mueve en los terrenos del predicador: conoce la realidad, la comparte con nosotros, nos pide que nos pongamos en acción. Y, lo más importante, confiamos en él.[8]

6. Geoffrey Baym, *From Cronkite to Colbert,* Oxford University Press, 2009.

7. Aquí se refiere, ya desde el título del texto, al periodista Walter Cronkite (1916-2009), *anchorman* de CBS y una de las voces informativas de referencia de los años sesenta y setenta en Estados Unidos.

8. Un ejemplo reciente de la relación profeta-cómico: el humorista y actor inglés Russell Brand (1975). Aunque ha caído en semidesgracia tras una demanda judicial de varias mujeres por abuso sexual, comanda un canal de YouTube donde convulsiona con sus filípicas conspiranoicas prometiendo –con gracia pero en serio– «la verdad de las cosas». El título del programa: *Stay Free*, «Mantente libre». Otra muestra, de similares hechuras, es el cómico norteamericano Joe Rogan (1967) y su extraordinariamente popular podcast *The Joe Rogan experience* (2009-).

Recordemos que, mediante la sátira política, se le proporciona al cómico un salvoconducto muy interesante que haría que los antiguos profesionales de las variedades se revolviesen en sus tumbas. Ya no es estrictamente necesario que el público se ría siempre: «Aunque la risa es ciertamente un apoyo si queremos que la sátira tenga un efecto total, estamos en desacuerdo con que la risa sea un elemento distintivo o esencial para la sátira».[9] Esta característica proporciona al cómico una versatilidad ajena al presentador de noticias. Al *stand-up* se le permite discurrir por temáticas como la política, la religión o el medio ambiente alternando su visión cómica y, en apariencia, ligera con una totalmente seria.

Se podría dividir a los cómicos de esta generación en dos grupos: los que desarrollan sus habilidades en escena y los que lo hacen en un plató de televisión.

Aunque falleció antes de vivir la hegemonía de George W. Bush, el *stand-up* Bill Hicks (1961-1994) resume perfectamente al primer grupo. Animal político, Hicks recoge el guante de Bruce y Carlin y hace que evolucione gracias al nihilismo del grunge y la generación X: «Os voy a explicar lo que es la política en Norteamérica. En dos frases: "Creo que el muñequito de la derecha comparte mis opiniones". "Creo que el muñequito de la izquierda me gusta más"».[10] O se centra en fenómenos propios de nuestra época, como la evolución del marketing

9. Jonathan Gray, Jeffrey P. Jones y Ethan Thompson, *Satire TV: Politics and Comedy in the Post-Network Era*, Nueva York, New York University Press, 2009.

10. Bill Hicks, *Rant in E-minor*, Rykodisc, 1997.

en la sociedad de consumo: «Por cierto, si alguien del público se dedica al marketing o la publicidad... Suicidaos. [...] No se puede racionalizar lo que hacéis. Sois secuaces de Satán, ¿vale? Suicidaos. Sois los que jodéis todo lo bueno».[11]

Entre los segundos, que adoptan el formato de un programa de noticias, hay que citar a Stephen Colbert, al que he nombrado con anterioridad, y a Jon Stewart (1962), el *stand-up* que dirigió *The Daily Show* (Comedy Central, 1996-2015), un *late night* centrado en política que, hoy sin su sucesor, Trevor Noah (anunció su marcha en diciembre de 2022: actualmente, mediados de 2024, el programa está siendo conducido por diversos presentadores, incluido el retornado Stewart), combina monólogos, *sketches* y entrevistas, y del que *The Colbert Report* fue un *spin-off*. Lo importante de este *show* es que empezó a expandir los fragmentos de noticias «reales», que eran, entre otras, una marca de la casa del *Saturday Night Live*, y los convirtió en el motor del programa. En aquel momento Jon Stewart pasaba a tener una doble voz: la de *stand-up* y la de referente para informarse sobre actualidad política. Aquí volvemos a utilizar la tesis del profesor Marino Pérez para distinguir noticias verdaderas de verdaderas noticias. Recuerdo: las verdaderas noticias serían aquellas que, aun combinando elementos de ficción (satírica, en este caso) y realidad, guardan el formato, el tono o la narrativa de las noticias verdaderas. Por tanto, no es de extrañar que Jon Stewart, utilizando este formato de verdaderas noticias (sustentadas en la

11. Bill Hicks, *Revelations*, HBO, 1993.

realidad política y social), de monólogos satíricos al inicio y de entrevistas de gran nivel, consiguiese convertirse, como Cronkite previamente, en uno de los presentadores de mayor credibilidad entre ese batiburrillo que es la izquierda estadounidense.

Pero quien combina mejor estas dos vertientes de *stand-up* (escenario/plató de informativos) es Bill Maher (1956), el presentador del Premio Mark Twain póstumo de 2008 a George Carlin en el Kennedy Center de Washington. A pesar de pertenecer a la vieja guardia de *stand-up* de los ochenta, porque casi comparte edad con Jerry Seinfeld, Maher comienza a encontrar su lugar en el mundo con su primer *show*, *Politically Incorrect* (ABC, 1993-2002), que se canceló de manera abrupta cuando Maher defendió en antena que a los terroristas del 11-S se les podía llamar cualquier cosa, pero no cobardes. En su siguiente proyecto, el programa de debate político *Real Time with Bill Maher* (2003-, HBO), este *stand-up comedian* conjuga todos los atributos de los *sicknicks* sesenteros –rebeldía, ateísmo militante y liberalismo norteamericano–[12] y los masifica con un *talk-show* en directo en una cadena de pago que de momento aguanta en antena.

Maher es la demostración de la asimilación popular de un tipo de *stand-up* que, en los años sesenta, parecía condenado a una minoría. Sus monólogos de arranque de *Real Time*, sus actuaciones en

12. No confundir con el concepto de «liberal» que se aplica en España a personas de ideología conservadora y/o nacional-católica.

directo[13] o sus entrevistas y debates con personalidades como el expresidente Jimmy Carter, el escritor Salman Rushdie, el magnate Elon Musk, la periodista Fran Lebowitz o el científico Richard Dawkins nos obligan a aceptar la siguiente dialéctica: Maher es producto de un público y ese público es producto de Maher (y de toda la tradición de *stand-up* que vengo desarrollando en este texto). En poco más de cuarenta años, lo que comenzó haciendo Lenny Bruce en clubes de aforo reducido ha conseguido un espacio muy significativo en televisión e internet. El *stand-up* se constituye en una representación más del Hombre Público Norteamericano con la efectividad de otras por las que hemos transitado anteriormente, como el político, el profeta o el vendedor/charlatán, tienen en el público gringo desde la Declaración de Independencia de Estados Unidos.

13. Maher está siempre de gira por Estados Unidos y suele estrenar al increíble ritmo de un especial cada dos años en HBO. Además, conduce desde el sótano de su casa el podcast *Club Random* (2022-), donde entrevista a celebridades.

6. La intimidad masiva

Lenny/Louie. *Stand-up* y *sitcom*

Louie (FX, 2010-2015): la serie en la que el cómico Louis C. K. (1967) relata sus andanzas profesionales (viajes, reflexiones sobre el *stand-up*…)[1] y personales (relaciones amorosas, relaciones filiales de divorciado…) bajo el escudo de su verdadera persona. En el séptimo capítulo de la tercera temporada Louie aparece en su casa, sentado al piano con una profesora porque quiere demostrar a sus hijas que puede aprender a tocar. Pero olvidémonos del primer plano. Si nos fijamos detenidamente en la pared del fondo, hay un cartel de color naranja enmarcado: el póster de Wes Wilson (1937-2020), uno de los principales creadores de la imaginería hippie, para la actuación de Lenny Bruce en The Fillmore, un *nightclub* de San Francisco. Wilson anuncia a The Mothers of Invention como número musical, aunque lo verdaderamente importante fue que ese acabaría siendo el último directo de Bruce, colocado en el texto a la misma altura que el grupo de Frank Zappa –demostración de la importancia del *stand-up* en la contracultura–. Como he

---

1. Si apetece entender muchas filosofías del oficio, recomiendo especialmente el cuarto episodio de la segunda temporada, «Joan», con la también *stand-up* Joan Rivers.

explicado antes, en ese tiempo Lenny ya se había hundido en su propia persona: bajo los focos se encontraba un hombre derrotado y sin gracia que tan sólo se llevaba a escena a sí mismo mientras leía sus denuncias y sentencias.

Volvamos a *Louie*. En un determinado momento, cuando la profesora está empezando la lección, suena el teléfono de Louie. Una exnovia le llama y le advierte de algo escabroso: «Escucha: o bien tú me pasaste ladillas o bien yo te pasé ladillas. Da igual, tengo ladillas y estuviste dentro de mí la semana pasada, por lo que tú también tienes ladillas. Entonces, ¡vete a la mierda! O perdón. No sé cuál de las dos opciones escoger».

Habla Lenny Bruce:[2]

> Ahí está la gonorrea, y los médicos me dicen que es una enfermedad que puede ser epidémica otra vez, a pesar de que todo el mundo sabe que con un pinchazo en el culo se te va. Y, aun así, ahí está: en el top 10. ¿Por qué? Porque nadie quiere hablar de ella. No quieren ni nombrarla. [...] Lo que tenemos que hacer es hablar de ella. Lo que realmente tenemos que hacer es conseguir que algunos de nuestros héroes nacionales admitan que la han tenido. Eleanor Roosevelt le pegó la gonorrea a Lou Gehrig. También se la pegó a Chiang Kai-shek... Y también a J. Edgar Hoover, tío... Ahí está la clave de cómo se convirtió en una epidemia.

2. Extracto del elepé *The Carnegie Hall Concert* (publicados cuarenta minutos en 1961 pero editado en su totalidad en 1972 por United Artists Records). Este corte se dramatiza en la película *Lenny*, de Bob Fosse.

Las conexiones entre Louis C. K. y Lenny no son siempre tan manifiestas como en esta ocasión, al dramatizar en su serie uno de los monólogos de Bruce. Durante todo *Louie* se reitera la popularización del uso de la verdadera persona en las *sitcoms*[3] estadounidenses protagonizadas por un *stand-up*. Al igual que vimos en el capítulo anterior, con la masificación de la vertiente política de los *sick comedians*, el uso de una verdadera persona, armada con un verdadero sí mismo o un verdadero interior, se ha convertido en uno de los recursos más utilizados por los *stand-up* que llegan a firmar una serie.

Pero el espectador norteamericano no llega a *Louie* y a lo que implica (asimilar el formato de *mockumental* con dosis de surrealismo, aceptar al verdadero sí mismo de Louis C. K., acostumbrarse a los monólogos de introducción a cada capítulo…)[4] sin un entrenamiento previo. En la *sitcom It's Garry Shandling's Show* (Showtime, 1986-1990), el *stand-up* Garry Shandling interpretaba a un cómico neurótico, obsesionado con su aspecto, poco equilibrado en su relación con las mujeres y, cómo no,

---

3. Utilizo el término anglosajón por separarlo del castellano «telecomedia» porque existen diferencias estructurales notables entre ellas. Por ejemplo, las primeras tienen una duración de veintiún minutos, frente a los noventa de las segundas. Sólo por este detalle se justifica distinguirlas.

4. Algunos de los monólogos de *Louie* vienen hasta con *hecklers* incluidos: personas que, durante el monólogo, hablan con sus compañeros de butaca, molestan al cómico o protestan por su contenido. Recomiendo el visionado del documental *Heckler* (Michael Addis, 2007) sobre el tema.

hiperreflexivo. Esta última característica se remarca tanto en la caracterización de su personaje como en los recursos formales: la canción de los créditos iniciales[5] o el hecho de que Garry abandone la escena y hable a cámara de frente, obviando la cuarta pared y dirigiéndose directamente al espectador.

Además del anterior, quizá los principales referentes para modelar la representación de la verdadera persona en *Louie* sean las series *Seinfeld* (NBC, 1989-1998) y *Curb Your Enthusiasm*, esta ideada por Larry David en solitario. La primera trata el día a día de un verdadero *stand-up* que comparte muchas características con el Garry Shandling de *It's Garry Shandling's Show*: un tipo narcisista, infantiloide, hiperreflexivo, ligón y en busca de la fama que, acompañado por sus amigos, describe las circunstancias y servidumbres de la vida urbana en Nueva York, es decir, de la capital de la sociedad de consumo estadounidense. En *Seinfeld* se muestra a una audiencia media –en su última temporada, de veintiún millones de espectadores– a *un* Seinfeld interpretado por Jerry Seinfeld, al igual que Garry Shandling interpreta a *un* Garry Shandling o Louis C. K. interpreta a *un* Louie. Articulada como una gran fábula sobre la sociedad norteamericana de los noventa, *Seinfeld* está obligada a concluir con una moraleja: un castigo al egoísmo de sus personajes principales.

---

5. La letra de la extraordinaria composición hiperreflexiva de los títulos iniciales es: «Esta es la canción del *show* de Garry, / la canción del *show* de Garry. / Garry me llamó y me preguntó si le escribiría la canción para su *show*».

Con *Curb Your Enthusiasm*, Larry David rechaza cualquier juicio moral: en ella interpreta a *un* Larry David, un antiguo *stand-up* miserable y egoísta que, inmune a cualquier sanción, ha llegado a ser increíblemente rico gracias a su guion para *Seinfeld*. Pero, mientras *It's Garry Shandling's Show* y buena parte de *Seinfeld* discurrían en un plató, *Curb Your Enthusiasm* sale del estudio y gracias a su estilo de falso documental permite apoyar la ficción de una verdadera realidad en la que la verdadera persona rastrera de David pueda liarla a sus anchas. Con su extraordinario final en 2024, *Curb* enmienda a su antecesora Seinfeld: no hay castigo para su protagonista. Quiere Larry David dejarnos un buen sabor de boca o, quizá, necesita dejarnos –Larry es un furibundo antitrumpista– un axioma como legado: las malas personas no suelen pagar por sus actos.

Como Lenny Bruce, que dejó que su propia persona se apoderara de la escena (para hundirse con ella), el *stand-up* Brody Stevens (1970-2019) siguió ese mismo trayecto vital en su serie *Brody Stevens: Enjoy it!* (HBO, 2011). Lo explica perfectamente el novelista Miqui Otero:

> *Enjoy it!* pretendía retratar la rampa eufórica y el despeñe negrísimo de este cómico maldito. Todo sucedió durante una semana. Stevens decidió dejar de tomar sus ansiolíticos, así que pronto brotaron todos los síntomas de megalomanía, pensamiento acelerado, falta de sueño y delirios de grandeza. […] En una era de distancia irónica en la vida y en el humor, muchos pensaron que se trataba de un proyecto artístico. Dejaron que la cosa avanzara.

Pero todo maniacodepresivo recorre un arco, así que pronto enfiló la bajada. […] Con la barba pobladísima y constelaciones de capilares rotos en su cara, Brody amenazó en serio con su suicidio. Sólo entonces la policía se presentó en su apartamento, lo redujo a la fuerza y se lo llevó a un centro médico, donde permanecería diecisiete días en un psiquiátrico. […] Su productor Zach Galifianakis intentó que Brody quedara digno, pero Stevens insistía en que quería que el resultado fuera real, si bien cuanto más real y confesional era más irreal parecía.[6]

En *Brody Stevens: Enjoy It!*[7] se vuelve a poner de manifiesto, ya en audiovisual y de forma popular, la necesidad de un compartimento previo, la verdadera persona, que aleje a la persona de la escena por el bien del público y por el bien de la salud del cómico. En el caso de la persona Brody Stevens este distanciamiento resultaba todavía más necesario: no sólo acercaba al cómico a sus seguidores, sino que lo alejaba de la enfermedad mental. Desgraciadamente, Stevens acabó suicidándose a los cuarenta y ocho años: no fue capaz de superar su depresión recurrente y cerró su vida al estilo de Lenny Bruce.

Si Lenny coloca a su persona en la escena de pequeños *nightclubs* y muere con ella puesta, Louis

6. Miqui Otero, «Mírame y llora (de risa)», en Edu Galán, ed., *op. cit.*
7. O en la reciente *Jerrod Carmichael Reality Show* (HBO, 2024), otra pieza indiscutible que se acopla a las tesis de este ensayo.

C. K. sería el gran rematador de ese proceso, con el homenaje evidente en *Louie* al monólogo de Bruce sobre la gonorrea. Aparte de poner en práctica masiva cosas que Bruce sólo decía en clubes, Louie se mimetiza con su verdadera persona, un pobre hombre sin el colchón económico de *el* Larry David para cagarla, y arma en su serie una dialéctica de una violencia cómica inusual.

7. Nuestro Hombre Público Norteamericano

Trump y el *stand-up* identitario: el individualismo del siglo XXI

Difícil imaginar mayor representación del Hombre Público Norteamericano que Joseph Smith Jr., el fundador del mormonismo con el que armo mi texto. Pues en 2017 se materializó su venida. Y un neoyorquino criado en una familia de especuladores inmobiliarios, ambicioso, disfuncional, acilindrado y con cierta afición a las mujeres y al tinte se convertiría en el 45.° presidente de Estados Unidos y alcanzaría la cúspide del Hombre Público Norteamericano.

Elizabeth Christ Trump (1880-1966), una viuda emigrada desde Baviera, y su hijo, Fred Trump (1905-1999), fundaron en 1923 la compañía E. Trump & Son para continuar la labor del marido y padre, Frederick Trump (1869-1918), fallecido en una –otra más– pandemia: la gripe española. El 29 de mayo de 1918, mientras Frederick daba un paseo con su hijo, comenzó a sentirse muy mal, entre fiebre y mareos. Fue rápida la guadaña: el 30 de mayo, en afortunada expresión estadounidense, el paisano empujaba margaritas.[1]

Después de la muerte del padre, E. Trump & Son, pequeña compañía de construcción y arrenda-

---

1. *Pushing daisies* en inglés. Un cadáver, boca arriba en el ataúd, sólo puede empujar margaritas.

miento de Queens, se basaba en el dúo madre-hijo: una firmaba, organizaba y ejecutaba mientras que el otro, todavía menor de edad, sólo conjugaba, de los tres, los dos últimos verbos. La empresa tuvo que parar, como paró todo lo estadounidense, con la Gran Crisis del 29. Regresó, remozada, a principios de la década de los treinta. Ya no era mamá y su niño. Ahora era la compañía de Fred Trump, que abrió un supermercado para vender esclavismos cotidianos a crédito a las amas de casa y que, amortizada esa experiencia, entendió que el dinero de verdad no estaba en estas mujeres: estaba en las hipotecas. Comprando a bajo precio casas cuyos dueños no podían afrontar su pago hipotecario, Trump Sr. se convirtió en un maestro especulador. En un merecido multimillonario. El Cristo norteamericano confirmaba su presencia a su lado.

Construyó Fred casas temporales para militares durante la Segunda Guerra Mundial y, una vez terminada la contienda, en el horizonte vio el campo de felices *baby boomers* para los que ejecutar apartamentos y chalets unifamiliares por todo Nueva York. «¡Qué bonitos son los hogares de Trump! ¡Especialmente los de Beach Haven!», conjeturo que exclamaban aquellos neoyorquinos, sacudiéndose de sus *white-collars* la arena ensangrentada de la playa de Omaha. Eran bonitas porque no se admitían negros –se conoce lo que afean los negros–, algo tolerado en ese momento histórico por el propio Gobierno norteamericano a través de la Agencia Federal de Vivienda.

«Supongo que el viejo Trump sabe cuánto odio racial suscitó en los crisoles de los corazones humanos cuando dibujó esa línea de color aquí en Beach Haven, su proyecto para familias», escribió el cantautor Woody Guthrie en una composición inacabada de 1954, tras haber pasado unos años de alquiler en esa colonia de Beach Haven (Brooklyn). Guthrie era otro Hombre Público Norteamericano: un *folksinger* que recorría pueblos con su guitarra –«Esta máquina mata fascistas» llevaba tatuado en ella, como he contado en un capítulo anterior– para, subido a un escenario, transmitir unas canciones que hoy podrían considerarse como «socialcomunistas» y vetarse del espacio público estadounidense. Y continuó el racismo en Beach Haven hasta 1973, cuando el Departamento de Justicia denunció a la familia Trump por segregación racial, un delito que estos familiares de los Monster nunca admitieron. Quince o veinte años antes se podía ver a la matriarca del clan, Elizabeth, viejita y en buena posición económica, recogiendo las monedas de las cajas de los *laundromats* –esas grandes lavadoras metálicas tan populares en Estados Unidos que funcionan con centavos por hora– de su familia. Qué obstinada cuerva, la hijadeputa. Otra gocha a la que, a base de esfuerzo de inmigrante alemana, Cristo se vio obligado a querer.

Fred Trump completó la tarea de su madre sin molestarse por los centavos. Él iba a lo grande, al olimpo del Sueño Americano®. Sin barreras. Ni siquiera lo detuvo el haber sido arrestado en una manifestación del Klan en 1921; tampoco que lo investigasen en múltiples ocasiones por ganancias súbitas de difícil justificación; ni que el Departamento de Justicia lo demandase por discriminar a inquilinos negros; ni que mintiese al venderse como un filántropo; ni que hasta su muerte fuese sospechoso de evasión de impuestos. A Fred le adoraba Cristo: era un hombre hecho a sí mismo. Y por eso comparte nicho con su madre y su padre en el cementerio luterano –aunque admita muertitos de cualquier fe– de Queens. Vivirán siempre, esa mierda humana, al lado del Padre protestante.

Donald Trump (1946) estaba tan obsesionado con construirse *un* sí mismo norteamericano que a principios de los setenta, después de unos pocos años en la compañía de su padre Fred –conocida ya como la Trump Organization–, se convirtió en su presidente. No existe ejemplar de estadounidense más perfecto: alguien que desciende de la inmigración y que suda –o dice que suda, tinte chorreándole por la faz mediante– por su porvenir. Y sabemos que lo consigue porque el porvenir estadounidense no se mide por la felicidad. El futuro sólo lo miden así aquellos a los que no quiere Cristo: los pobres. La probabilidad de entrar en el cielo –«Heaven… I'm in heaven, and my heart beats so that I can hardly speak»– se mide por el dinero. Se mide por lo grande que tengas la torre Trump o el pozo petrolífero Plainview de *Pozos de ambición* (Paul Thomas Anderson, 2007). Se mide por lo mucho que puedas gritar a tus subordinados sin que te demanden. Se mide por el número de mujeres que no tengan más remedio que follar contigo y luego vomitarse encima.

En ese mercado no se comercia con otros valores.

Trump alterna a lo largo de los años siguientes diversos lugares a los que subirse para hablar. Quizá Donald no tenga otro don que llamar al dinero desde un púlpito y que este acuda cual perrillo. ¡Salta, *sit*, no ladres! A sus compañías, a sus conglomerados de la construcción, a sus hoteles o a sus casinos no se llega porque estén: se llega porque él te señala el camino. Hay en Trump algo a lo que cualquier Hombre Público Norteamericano aspira. Que hace que otros quieran ser él.

Ahí: la religiosidad del predicador, que suelta su sermón desde *The Apprentice* (NBC, 2004-2017) a pobres *celebrities* fracasadas y al pueblo norteamericano, también plagado de *celebrities* aspiracionales –lo vimos en *Tiger King* (Netflix, 2020)–. Ahí: el charlatán de *medicine show*, que nos ofrece sus remedios encapsulados en libros como *Piensa como multimillonario* (2004) o *El secreto del éxito* (2007). Ahí: el *stand-up comedian*, que participa en su propio *roast* (*Comedy Central Roast of Donald Trump*, Comedy Central, 2011) o que se enfanga en una pelea de *pressing catch* («Trump vs. McMahon», WWE, 2007).

Si se ríen, no prestan atención a lo importante: nace así un afluente peligroso y muy inteligente de la sátira política.

Y, sobre todo, ahí: el político. No sé si nos acordamos de que Donald Trump presidió Estados Unidos con millones y millones de votos[2] y de que, subido a un estrado, animó a su panda de seguidores

2. E, incluso, cuando escribo estas líneas, a mediados de 2024, no es descartable que regrese a la presidencia a pesar de sus 34 cargos de falsificación de facturas, cheques y registros contables para el pago de sobornos a su examante, la exactriz porno Stormy Daniels, y sus múltiples líos legales.

hillbillies a asaltar la sacrosanta sede de la democracia: el Congreso. Trump constituye el epítome del Hombre Público Norteamericano con mayor fortuna que el fracasado en vida Joseph Smith Jr. porque confirma que unas características exacerbadas –individualismo, protestantismo, neoliberalismo, ambición–, junto con el amor de Cristo heredado de tu familia en paraísos fiscales y una capacidad extrema para mostrarte en público, pueden llevarte a cualquier lugar en suelo estadounidense. Incluso a sobrevolarlo fumando puros en el Air Force One.

En paralelo al ascenso de Trump, y al igual que el *stand-up* político copó los sesenta y parte de los setenta y el *stand-up* personal, anecdotario, ocupó los ochenta y los noventa, un nuevo formato de *stand-up* se ha popularizado en Estados Unidos y el mundo occidental durante los últimos años. El *stand-up* identitario, que mezcla el humor con relatos de superación –la victoria sobre el *bullying*, la aceptación de una sexualidad o la reivindicación de minorías–, llena la televisión o las plataformas al lado de los habituales *stand-up* políticos (semirretirados Conan O'Brien y Jon Stewart, siguen en plena forma Bill Maher o Stephen Colbert, junto con talentos como Trevor Noah, John Oliver o Michelle Wolf), rutinarios (hay cientos de ejemplos), groseros (Bill Burr, Anthony Jeselnik, Nikki Glaser o Pete Davidson) o precocinados de *late night* (Jimmy Fallon o Jimmy Kimmel, tras la despedida de Letterman). Esta rama del *stand-up* constituye otra manifestación artística de la cultura *woke*, una reivindicación política esencialmente estadounidense (y luego globalizada) que pide que «te despiertes» ante las injusticias sociales –racismo, feminismo, minorías LGTBIQ+, etcétera– hasta tal punto que tu arte sea guiado por ellas, y no viceversa, ya que en su perspectiva este último podría contribuir a agravar las primeras.

Punto y aparte merece el caso de Louis C. K., con capítulo casi propio en este libro y posteriormente enviado a las fronteras de la profesión por las turbas de internet al calor de las acusaciones por acoso de varias mujeres en *The New York Times* en 2017. Una carrera cercenada abruptamente que prometía muchísimo: su serie *Horace & Pete* (2016) se consagró con su aire chejoviano como una de las ficciones más importantes de la década y su filme inédito *I Love You, Daddy* (2017) resulta en un ejercicio woodyallenesco que, a ratos, supera al propio Woody Allen. Parece que nunca sabremos más de proyectos de Louis a gran escala: actúa en salas y en palacios de deportes, ha estrenado una película independiente o se lleva algún Grammy de consolación. Nada que ver con la carrera de alguien destinado a volverse uno de los referentes de Hollywood, alguien que ponía voz a películas para nuestros infantes y que llegó a ser multimillonario. El escándalo le ha costado millones de dólares. Sus triunfos mínimos –si los comparamos con lo que le esperaba– se pueden comprar en su web: los monólogos *Back to the Garden* (2023), *At the Dolby* (2023), *Sorry* (2021), *Sincerely, Louis C. K.* (2020) están disponibles, así como su último estreno en cines, la irrelevante *Fourth of July* (2022) o la magistral *Horace & Pete*. Es muy probable que su condena informal le persiga toda la vida: jamás ha sido procesado en un juzgado, pero ninguna productora grande le devolverá el lugar que ocupaba en 2017. Queda, con el tiempo y no en 2024, evaluar la proporcionalidad y la justicia de la cancelación de C. K. A los procesos generales morales, sus puritanos y puritanas y las consecuencias personales de estos señalamientos dediqué mi ensayo *El síndrome Woody Allen*, publicado por Debate en 2020.

Regresando al *stand-up* identitario, un híbrido entre el *stand-up* y las charlas TED –charlas breves sobre diversos temas–, me gustaría detenerme en un reportaje de Caitlin Flanagan titulado «That's Not Funny: Today's College Students Can't Seem to Take a Joke» («¡Eso no es gracioso! Los universitarios de hoy no soportan un chiste»), publicado en *The Atlantic* en septiembre de 2015. Flanagan destacaba que para las actuaciones en los campus estadounidenses se produce un proceso de selección en el que

> los cómicos que tendían hacia la insensibilidad eran descartados y aquellos cuyo pasado racial o étnico contribuía a la diversidad del lugar recibían un trato especial. [...] Mientras escuchaba a los chicos analizar a quién invitar, quedaba claro que para conseguir trabajo el cómico tenía que ser a la vez divertido –divertido de verdad– y también profundamente respetuoso con un sistema de valores particular. Aunque no se limitasen sólo a estos, los valores incluían: las mujeres, como grupo, nunca deberían sentirse incómodas; las personas cuya orientación sexual va más allá de la heterosexualidad debían ser reforzadas en su carácter especial;

las injusticias raciales se debían abordar desde una angustia amarga o llamadas inspiradoras a la acción; los musulmanes son amigos serviciales a los que debemos cuidar, y el hecho de pertenecer a cualquier comunidad potencialmente marginalizada conlleva una hipersensibilidad incapacitante que siempre debe respetarse.

Este ambiente contrasta brutalmente con el de los campus norteamericanos de los años sesenta, lugares donde se desarrollaron cómicos contraculturales como George Carlin. Frente a la pasada libertad, ahora se exige contención y límites; frente al encaramiento de la verdad, ahora se requiere cuidado y tutela; frente a la figura del profesor, ahora se pide un *coach;* frente al alumno, ahora se ve al cliente; frente a la racionalidad, base de cualquier universidad digna, ahora toca el sentimentalismo y el infantilismo.

Aupada por esta filosofía de vida y de consumo, no extraña que este tipo de manifestación de la cultura *woke* haya sido bautizada *woke comedy* y que uno de los especiales de comedia con mayor éxito en los últimos años sea *Nanette*, de Hannah Gadsby (1978), estrenado por Netflix en 2017. Aunque no se trate de una *stand-up comedian* norteamericana sino australiana, me vale como ejemplo característico –y globalizado– de esta tendencia. Gadsby utiliza el formato del *stand-up* de la misma manera que hacían sus antecesores en los sesenta, cuando dirigían sus iras hacia la forma en que se estaba gestionando el país –la guerra de Vietnam, con Carlin a la cabeza– o la religión –con Lenny

Bruce comandando–. La diferencia entre estos y el *stand-up* de Gadsby / *stand-up* identitario radica en la perspectiva. Mientras que clásicamente se buscaba una reacción del grupo o se certificaba un fracaso endémico –«Creo en la igualdad entre los seres humanos. Todos damos asco», dejó dicho Bill Hicks–, la perspectiva de los cómicos identitarios siempre es la de la superación y esperanza personal. Si yo puedo, vosotros podéis. Esto, en el caso norteamericano (y, repito, también en el globalizado al estilo Gadsby), es completamente espurio, casi de autoayuda, pero muy emocionante por el tipo de relato de redención que maneja. No se señala al presidente, al Estado o a los diversos poderes como responsables y/o motores del cambio, sino que se aplaude el sufrimiento –aderezado con humor negro y culpabilización del público/sociedad indiferente, del patriarcado, de la opresión diaria de los medios...– como condición necesaria para que las «personas cambien» y no marginen a minorías, no usen estereotipos ofensivos o, en el caso de Gadsby, no hagan sentir mal a los que, como ella, sufren autismo. Se trata, en suma, de un *stand-up* centrado en un lenguaje terapéutico y no en un lenguaje político –años sesenta–, o en el lenguaje narrativo de lo cotidiano –años ochenta–. Se trata de hacer reír –y lo consiguen, porque en algunos casos su habilidad como cómicos es sobresaliente–, pero también de concienciar(se), culpabilizar(se), victimizar(se) y redimir(se), siempre en el plano personal.

Esta tendencia en el *stand-up* resulta tan notoria en la actualidad –e infecta todo el ámbito cómico, incluido a Borat–[3] y está tan enfrentada con algunas de las que hablo en este ensayo que George Carlin podría responderles con el inicio de su mítica «Lista de gente a la que deberían matar», contenida en su especial *Complaints and Grievances* (HBO, 2001):

> Empezamos con la gente que lee libros de autoayuda. ¿Por qué tanta gente necesita ayuda? La vida no es tan complicada. Te despiertas, vas a trabajar, haces tres comidas al día, echas una buena cagada y vuelves a la cama. ¿Cuál es el puto misterio? Y la parte que no entiendo: si necesitas autoayuda, ¿por qué lees un libro escrito por otra persona? Eso no es autoayuda. Eso es ayuda. La autoayuda no existe. Si lo has hecho tú solo es que no has necesitado ayuda. Lo has hecho tú solito: presta atención al lenguaje que usamos. Y otro misterio para mí: los libros y seminarios de motivación. ¿Por qué alguien debería recibir motivación de otra persona? Si necesitas motivación, un seminario no va a ayudarte. Lo que necesitas es que te aplasten el cráneo treinta o cuarenta veces con un palo de golf. Eso sí te va a motivar. O, al menos, hará que te levantes y te muevas por la habitación, que encuentres los calcetines y todo eso. Esas mierdas. Empezar bien el día, vamos. La motivación es una mierda. En mi opinión, este país podría usar menos motivación.

3. En la segunda película del reportero kazajo Borat, *Borat película film secuela* (2020), lo que era psicópata y divertido se convierte en autoconsciente y panfletario. Su creador, Sacha Baron Cohen (1971), se ve, en esta y única ocasión hasta el momento, atrapado por el signo de los tiempos.

La gente motivada es la que causa todos los problemas: brókers, psicópatas, pederastas, cristianos conservadores... Esa gente está muy motivada. La motivación está sobrevalorada: dame un vago gilipollas que se pase el día tumbado viendo películas y matándose a pajas y ahí tendrás a alguien que no causa problemas, joder.

8. El Hombre Oculto Norteamericano

La bofetada de Will Smith a Chris Rock y los tiroteos masivos

> Me di cuenta [al conocer la historia de Estados Unidos] de que ser norteamericano significa fingir. Puedes fingir ser una cosa cuando en realidad eres otra. Y yo de eso entiendo: mentir, ocultarse.
>
> Monólogo de un gángster italoamericano de los cincuenta contenido en la cuarta temporada de la serie *Fargo*, una historia de emigración, violencia y Norteamérica[1]

«Fijaos en 2022. Hubo un follón tremendo entre el público y los cómicos, ya lo visteis. Will Smith, Chris Rock, Dave Chappelle, Craig Robinson en Carolina del Norte.[2] Ya lo visteis. ¿Sabéis qué? Yo sé por qué

---

1. Capítulo cuatro de la cuarta temporada de *Fargo* (FX, 2014-), creada por Noah Hawley y basada libremente en la película de idéntico título (1996) de los hermanos Coen.

2. El 18 de julio de 2022 el cómico y actor Craig Robinson (1971), conocido por la versión estadounidense de la serie *The Office* (2005-2013), estaba a punto de salir a perpetrar su monólogo en el club The Comedy Zone de Charlotte, Dakota del Norte, cuando uno de los asistentes entró en la sala disparando al aire. El público fue desalojado con rapidez y el humorista

pasó esta mierda. Porque hay falta de amor. He venido a deciros a todos que os quiero». Con estas palabras abre el cómico Tracy Morgan (1968-casi palma en 2014) su monólogo *Takin' it Too Far* (HBO, 2023), grabado en un teatro de Boston. Aunque, cuando está a punto de conjugar el verbo «querer» en primera persona, una figura aparece por detrás. Un guardaespaldas con un bate. Entonces su tono cambia: «Pero estamos en 2023. Y como a algún hijo de puta se le ocurra subir aquí lo reviento a hostias y luego lo hago picadillo. ¿Ha quedado claro?». Y se dirige a su segurata: «Ya te puedes ir. Pero no muy lejos».

Como cuento en este ensayo, la forma de consumo de *stand-up* ha cambiado radicalmente desde el Borsch Belt hasta nuestro tiempo. Desde su convivencia con la contracultura en los años sesenta o su popularización en los ochenta hasta, en el otro lado, las sucesivas percepciones de un público en persistente transformación. Si hace setenta años, en especial en las actuaciones de los *sick comedians* en *nightclubs* o campus universitarios, la actitud de los asistentes instaba a forzar una especie de nosotros-contra-ellos, siendo «ellos» la policía, las fuerzas vivas o la religión, en nuestros días se incrementa la actitud de quien acude a un *show* a señalar al cómico por sus chistes. Sería, ahora, un yo-contra-él. Bien en el momento de la actuación, bien en las redes, resulta imposible que la comedia –por definición, amoral, o al menos de moral muy flexible y contradictoria– se libre de esta época ultramoral e hiper-

quedó a salvo al refugiarse en la trastienda. Con posterioridad, la policía detuvo al tirador.

vigilada por una tecnología de bajo coste. Cualquiera con un móvil –de ahí lo totalmente transversal en lo ideológico de este proceso– puede disfrazarse de sumo sacerdote que decide mostrar cómo el cómico «se está pasando», «no tiene respeto» u «ofende a minorías» étnicas, sexuales o religiosas. La posición del puritano suele ser aplaudida por su grupo, siempre dispuesto a un buen pastoreo, e incluso por otros cómicos que dedican su vida, visto lo paupérrimo de las facturas por perpetrar humor, a enseñarnos lo que sus compañeros no deberían hacer. Pero como en esta vida la intensidad de todo fenómeno es susceptible de aumentar, en algunos casos no basta con abuchear o increpar al *stand-up*.

En agosto de 2021, el rapero DaBaby (1991) vociferó desde un escenario de Miami: «Si hoy no has venido con sida ni ninguna de esas enfermedades mortales de transmisión sexual que te matan en dos o tres semanas, pon la linterna del móvil en alto. Chicos, si no chupáis pollas en parkings, poned vuestras linternas en alto». La reacción de asociaciones y personas LGTBIQ+ fue inmediata y se pidió –y en parte se consiguió– la cancelación del músico. El mismo músico que, en octubre de 2019, asesinó de un balazo a un hombre en Carolina del Norte. El cómico Dave Chappelle reflexionó sobre estos incidentes en su especial *The Closer* (2021) de Netflix: «Parte de la comunidad LGTBIQ+ no conoce la historia de DaBaby. Una vez disparó a un hombre y lo mató en un Walmart.[3] DaBaby disparó y mató a un hombre en un Walmart de Carolina del Norte. Su

3. Un chico de diecinueve años llamado Jaylin Craig.

carrera no se vio afectada. ¿Adónde quiero ir a parar con esto? En nuestro país, puedes disparar y matar a un hombre, pero ¡no hieras los sentimientos de una persona gay!». También se refirió a la escritora J. K. Rowling (1965) y a su defensa de posiciones consideradas tránsfobas: «En efecto, ella dijo que el sexo biológico era un hecho, la comunidad trans se puso como loca y empezaron a llamarla TERF (n. del a.: feminista radical trans excluyente, en inglés). Yo no sabía ni qué coño significaba eso, pero sé que los trans se inventan palabras para ganar en las discusiones... Eso es así. Las TERF no odian a las mujeres trans, pero ven a las mujeres trans como los negros vemos a un *blackface*.[4] Les ofende. Rollo: "Uf, esta puta está imitándome"».

Por estos y otros tramos de su monólogo, considerados por personas y activistas LGTBIQ+ como tránsfobos u homófobos, se creó una pequeña gran tormenta alrededor de Chappelle. Entre las muchas protestas en redes, estudiantes de la Universidad de Duke, de la que había sido alumno, escribieron una queja formal y una gran parte de los trabajadores de Netflix organizó un parón durante su jornada laboral del 20 de octubre de 2021 para demostrar su compromiso con los derechos trans y pedir la retirada del programa por contener un discurso de odio contra esa y otras minorías. Los currelas obviaron la entrevista al entonces director general de Netflix, Ted Sarandos (1964), publicada tan sólo un día antes por la revista *Variety*, quizá la publicación más importante

4. Un blanco con la cara pintada de negro, como Al Jolson en *El cantor de jazz* (1927).

en el mundo del entretenimiento, en la que se fustigaba por sus fallos: «Por supuesto, metí la pata con la comunicación interna –comenzaba–, y lo hice de dos maneras. La primera y más importante, debería haber dirigido las cosas con más humanidad. Me explico: teníamos un grupo de empleados que sentían dolor y daño por una decisión que tomamos. Y creo que deberíamos habernos ocupado de esto antes que nada». Y terminaba remarcando que no creía que el monólogo cayese en un discurso de odio. ¿Pretendía retirarlo de la programación? «No creo que haya habido suficientes peticiones para hacerlo», concluía.

Con este runrún en el ambiente, Chappelle continuó con su gira. En mayo de 2022 le tocaba actuar en el festival Netflix Is a Joke. Durante su monólogo, un hombre subió al escenario con un cuchillo –en un primer momento parecía un arma de fuego– y trató de apuñalarlo. La agilidad de Chappelle y de los servicios de seguridad evitó cualquier daño al cómico, que pudo terminar su espectáculo. «Debe de ser un hombre trans», bromeó. La realidad: era un hombre bisexual. Isaiah Lee, veintitrés años, declaró a *The New York Post* desde una cárcel de Los Ángeles, donde cumpliría 270 días de condena: «Me identifico como bisexual y quería que [Chappelle] supiese que lo que decía podía tener consecuencias. Quería que la próxima vez pensase en probar su material antes de estrenarlo delante de gente que pudiera sentirse herida». A Lee comenzó a indigestársele el monólogo con las referencias de Chappelle a los LGTBIQ+ y a la pobreza: «Soy un padre soltero con un hijo de cinco años», confesaba, y también que durante un tiempo había vivido en la calle: «Es una lucha y quería que Dave Chappelle supiese que no es ninguna broma», dijo casi parafraseando el nombre del festival. Y llegó el instante en el que no aguantó más y echó mano al cuchillo: los chistes de Chappelle sobre la pedofilia. Sacaron, en sus palabras, recuerdos de los abusos que había sufrido en la infancia. Entonces, sobrepasado por tanto, tanto, tanto todo, saltó al escenario con un arma.

En cualquier otro momento este incidente podría haber llamado la atención. No en nuestros días. Dos meses antes, el 27 de marzo de 2022, se corrió una placa tectónica del *stand-up* norteamericano. Durante la entrega del Óscar al mejor documental, el cómico Chris Rock (1965) tomó la decisión, muy probablemente improvisada, de referirse con humor a la mujer de Will Smith (1968), Jada Pinkett (1971), quien, junto a su marido –nominado a mejor actor por la película *King Richard*–, atendía a la gala desde primerísima fila. ¿Hacia dónde apuntó Rock con su chiste? Hacia la cabeza rapada de Pinkett, producto de una enfermedad, quizá un dato desconocido para Rock: alopecia areata. «Jada, te quiero. ¡No puedo esperar a que se estrene *G. I. Jane 2*!»: la referencia era oscura, a una película de Ridley Scott (1937) –titulada en España *La teniente O'Neil* (1997)– con una Demi Moore (1962) militorrapada, y el chiste, bastante pobre. La reacción del público fue la propia de una gala e, incluyendo al propio Smith, todos se rieron con la fascinación del que habita un evento así. Duró poco. En cuanto Smith se fijó en la cara pétrea de su esposa –a ella no le había gustado nada la humorada–, tomó una decisión crucial para su carrera. Se levantó y se dirigió, dando un corto paseo, ya que el escenario estaba al nivel de su butaca, a por Chris Rock.

«¡Uh! Aquí viene Richard», en referencia al padre iracundo interpretado por Smith en *King Richard*, fueron las únicas palabras que logró arrojar Rock antes de recibir una hostia sideral. Una bofetada a mano abierta de Will Smith similar a un puñetazo de Will Smith.[5] Un metro y setenta y ocho centímetros contra un metrazo y ochenta y siete centímetros. Rock tenía todas las de perder. Se mantuvo en pie –tras verlo varias veces, sigue sorprendiéndome– y siguió el espectáculo de Smith: «Lávate la puta boca antes de hablar de mi mujer», repitió a gritos con ese machismo paternalista insoportable. Rock, antes de continuar, sólo pudo completar su discurso con un visionario «guau, esta fue la mejor noche de la historia de la televisión». Los espectadores, mientras tanto, embebidos en los fastos, no distinguíamos si se trataba de un bofetón real o si formaba parte de la magia de un engaño incómodo. Kevin Costner, el siguiente presentador, miraba desde bambalinas y lo tuvo claro: «Oh, ha sido en serio», zanjó alguien que domina bien la violencia en la ficción.

Quizá estos incidentes estén marcando el futuro de la comedia, como bien plasmó con humor Tracy Morgan en su monólogo. Todavía es pronto para evaluarlo, pero al vivir en una Sociedad de Atención al Cliente,[6] el espectador no sólo se considera vali-

---

5. Le pedí al físico Jaime Zamora que calculase la fuerza del golpe de Smith a Rock. Su conclusión no deja lugar a dudas: 14.792 newtons. Su informe, aquí: <https://tinyurl.com/morirdepie>.

6. La burbuja de internet ha creado una nueva clase de relación entre los individuos y las empresas –en esencia, con las grandes

dado para una respuesta de este estilo –bien en redes, bien cara a cara– sino que siempre será justificado por una banda de acólitos. Por mucho que algunos analistas quieran quitarle importancia, más allá del bofetón, la crítica no tiene nada que ver con el linchamiento o la cancelación. Y no es la crítica, mejor o peor razonada, la que se despliega en nuestro tiempo en los medios: se trata, más bien, de un vapuleo profesional y personal de quien no te gusta, de quien –en nuestra alma puritana potenciada por esa tecnología que tenemos entre manos– se ha pasado de la raya. Nada que ver, entonces, con aquellos cómicos de los años sesenta y setenta que recibían golpes de la policía. Ahora los cañonazos provienen del público.

---

multinacionales– que se ha mimetizado en todos los ámbitos de la sociedad. Se trata de un espejismo mil veces replicado: el cliente siempre recibiría atención, siempre sería escuchado a través de miles de formularios, servicios telefónicos, redes sociales o encuestas. «Contáctenos, usted es lo más importante» valdría como un ejemplo de eslogan. En realidad, se trata de una impostura. Sólo te atienden, de vez en cuando, si tienes el servicio premium –es decir, si manejas parné– o si eres accionista mayoritario de la compañía. Aun así, se crea y se fomenta la ilusión de que la persona individual –de clase baja y media– es el centro de la realidad, «protagonista de su propia vida», «especial». De esta manera, se solidifica una Sociedad de Atención al Cliente a partir de una Sociedad de Consumo gracias a las herramientas de atención al cliente que ponen a nuestra disposición –tan baratas, tan bellas–. Pero estas sirven, sobre todo, para engordar el «yo» del consumidor y, en consecuencia, instalarnos en un estado de consumo permanente que satisfaga unas necesidades imposibles de satisfacer. Del mismo modo que no hay temporada de ropa sin la siguiente o no hay nuevo modelo de móvil sin el siguiente, no hay fondo –ni el mercado quiere que lo haya– para este «yo» de nuestra época. Este proceso lo desarrollo con mayor detalle en mi ensayo *El síndrome Woody Allen*.

Aunque este estallido repentino, que asustó al propio Will Smith, posee más ramificaciones en Estados Unidos. «Nunca sabes lo que uno está pasando por dentro», se justificó el agresor en *The Daily Show* con Trevor Noah durante su primera comparecencia después del incidente. Sin saberlo –de esa manera en que uno no lo sabe pero lo sufre– definía Smith la contracara del arquetipo que recorre este libro. Enfrentado, y en necesaria pulsión, al Hombre Público Norteamericano se encuentra el Hombre Oculto Norteamericano. La de Will Smith –y otros tantos– resulta en una de sus manifestaciones más características de los últimos tiempos. Si el Hombre Público Norteamericano necesita de una persona que suba al escenario y utilice todas sus herramientas persuasivas para convencer a un auditorio –y luego triunfar–, el Hombre Oculto Norteamericano se constituiría en su reverso: todo aquello que el Hombre Público Norteamericano debe esconder con tal de alcanzar el Sueño Americano®.

El arte de David Lynch (1946) ha mostrado el Absceso Norteamericano en múltiples ocasiones: en general, con la protagonista dual –Pública y Oculta– de *Mulholland Drive* (2001), o, muy en particular, con ese plano inolvidable del arranque de *Terciopelo azul* (1986). Una cámara recorre el típico vecindario norteamericano –sus colores, sus habitantes sonrientes y públicos, su coche de bomberos– hasta que uno de sus vecinos cae fulminado mientras riega su jardín. Ni su perrito ni un bebé rubio estadounidense pueden evitarlo. Nuestra mirada se adentra en el césped y se encuentra lo Oculto: el barro, los insectos, el sonido de una biología salvaje, secreta, indiferente y arrolladora que poco tiene que ver con la voz aterciopelada y Pública de Bobby Vinton (1935) cantando en *off*: «Blue velvet / But in my heart there'll always be / Precious and warm, a memory / Through the years».

Entendía Will Smith –sin saber explicárselo ni a sí mismo, reitero– que la tensión de mantener una cara sonriente, familiar, perfecta frente al mundo –ese mundo omnipresente de redes sociales, filmes y alfombras rojas– provoca que uno nunca sepa lo que le pasa por dentro –que acabe desplomado, de súbito, regando su jardín–. Y, en ocasiones, ese Hombre Oculto Norteamericano estalla con la violencia de quien no aguanta más. Justificó Smith su reacción con la cháchara psicoanalítica nuestra de cada día: toda esa violencia provenía de su lejana infancia. Como cuenta en su autobiografía *Will*, la niñez del actor y sus tres hermanos discurrió entre la violencia que su padre, William, utilizaba con normalidad al tratar a su madre, Caroline.

Como se supo más tarde, quizá las razones del tortazo se encontraran mucho más cerca en el tiempo que sus años de infante: en octubre de 2023, a raíz de la publicación de sus memorias *Worthy. El amor que siempre merecí*, su mujer, la Jada necesitada de protección (sic), confesó que llevaba siete años separada de él aunque convivían como amigos bajo el mismo techo. Con tal de conservar el negocio de perfecta familia estadounidense billcosbyana, necesitaban mantener ese secreto tan oculto como la rocosa convivencia de Joan Crawford (1903-1977) con sus hijos adoptados, la homosexualidad de Rock Hudson (1925-1985) o la terrible relación con las drogas de Judy Garland (1922-1969) o Matthew Perry (1969-2023). Si el Hombre Público Norteamericano no brilla, no funciona. Y no todos aguantan brillar siempre: en la trastienda suele haber cadáveres. Sin remedio, uno debe sobrellevar al Hombre Oculto Norteamericano: bien con adicción, bien con destierro, bien con brutalidad.

«Cada bala debería costar cinco mil dólares. Cinco mil dólares por bala. ¿Sabéis por qué? Si una bala costase cinco mil dólares, no habría víctimas inocentes. Cuando disparasen a alguien, diríamos: "Algo habrá hecho. ¡Joder! ¡Le han metido cinco mil dólares por el culo!". Y la gente se pensaría lo de matar a alguien si costara cinco mil dólares. "Tío, te volaría la cabeza… Si pudiera permitírmelo. ¡Voy a buscarme otro curro, voy a empezar a ahorrar y entonces serás hombre muerto! ¡Reza por que no me dejen pagar las balas a plazos!"». De esta manera integraba el cineasta Michael Moore (1954) un monólogo de Chris Rock en su documental *Bowling for Columbine* (2002), sobre la matanza en el instituto de Columbine (1999) y la relación de los estadounidenses con las armas de fuego. Allí aparecía el Rock más esplendoroso, heredero de Richard Pryor, muy lejos aún del bofetón de Will Smith y de protagonizar como actor dramático una historia de violencia: la cuarta temporada de la serie *Fargo*. Irrumpía con su especial de 1999 *Bigger and Blacker* (HBO) y traía consigo una teoría perfecta, por ficticia, para el control de las armas.

Al igual que para el Hombre Público Norteamericano lo son los estrados, los púlpitos o las cámaras, serían las pistolas, los rifles, las recortadas o las semiautomáticas las herramientas con las que el Hombre Oculto Norteamericano alcanza su paroxismo. Mientras que Will Smith muestra, con violencia muy moderada, un esbozo de lo que guarda entre bambalinas, una gran porción de los tiradores en masa se constituye en exclusiva de lo Oculto. No hay nada en ellos de Público, por tanto, no hay nada en ellos de Sueño Americano®. Sin Sueño Americano® no hay Persona Americana. La consecuencia: fracaso y frustración. Los han expulsado del paraíso y alguien –o varios «alguien»– lo debe pagar. No necesitan de la retórica. No necesitan parecer lo que no son. No cobran, como sabemos, en dólares. Cobran en sangre y toda una tradición armamentística, como he explicado en el prólogo de este ensayo, los ampara.[7]

Salvador Ramos, estudiante de dieciocho años, habitante de Uvalde, Texas, exalumno de la escuela infantil Robb, nacido en Fargo, Dakota del Norte.

---

7. A punto de cerrar este libro, el 14 de julio de 2024, nos interrumpió la noticia del intento de asesinato de Donald Trump. Un joven de 20 años, Thomas Matthew Crook, registrado como votante republicano aunque en 2021 hubiese donado 15 dólares a una organización cercana al Partido Demócrata, le disparó durante un mitin en Butler (Pensilvania) con un fusil tipo AR-15 comprado por su padre. Se encontraba a 150 metros del estrado y uno de sus ocho disparos rozó la oreja derecha del expresidente. Tras apretar el gatillo, pocas conexiones sinápticas le quedaban al chaval: al instante fue abatido por el servicio secreto. Un Hombre Oculto Norteamericano casi asesina al Hombre Público Norteamericano por excelencia. Mientras tecleo estas líneas todavía no se conocen sus motivaciones pero –no tengo pruebas ni dudas– asumo que varias de ellas se encuentran entre las que acabo de enumerar arriba.

El 17 de mayo de 2022, al día siguiente de cumplir la mayoría de edad, se compró un rifle semiautomático Smith & Wesson especialmente preparado con un sistema que aumentaba su velocidad de recarga. Tres días después, repitió con otra arma. Hijo de familia pobre desestructurada y migrante, su vida siempre transcurrió soterrada: riñas, maltrato de sus compañeros en el colegio, soledad, listas de deseos de Amazon –ropa y armas, lo norteamericano, lo global– y un par de búsquedas en Google del término «sociópata».

Decidió vengarse del mundo –de su mundo, es decir, de Estados Unidos y todo lo que representa– comprando 1.657 balas para, el 24 de mayo de 2022, entrar en su antiguo colegio y matar a todo aquel niño o profesor que se le cruzase. Antes intentó quitar de en medio a su abuela, a la que disparó en su coche después de que ella descubriera sus planes, aunque sobreviviría. Más tarde, Ramos se dirigió al recinto escolar y, con el sistematismo de quien ya no le importa nada, mató a diecinueve alumnos –todos entre los nueve y los once años– y a dos profesores. Hirió a otras diecisiete personas antes de que la policía lo acribillase. De nada sirvieron, en un país así, en una Texas así, todas las medidas de seguridad del colegio, implementadas tras un tiroteo similar en la cercana Santa Fe en 2018: patrullas de seguridad en los pasillos, un *software* para monitorizar las redes de los alumnos –Social Sentinel, qué ironía–, control de entradas y salidas de adultos con chequeo de sus antecedentes penales, comunicaciones por radio, vallas rodeando el campus, equipos de analistas expertos en posibles amenazas o una política estricta de bloqueo de puertas durante las clases. Incluso, en marzo de 2022, se efectuó un ejercicio policial allí mismo simulando un ataque como el que ocurriría tan sólo dos meses más tarde. Las investigaciones judiciales posteriores concluyeron que uno de los factores para que la tragedia alcanzase a ese número de personas fue la tardanza en intervenir por la descoordinación de la policía de Uvalde.

«Los tiradores en masa son únicos solamente en el sentido de que no quieren vivir en la gloria de su nuevo estatus social y visibilidad –escribe Jillian Peterson en *The Violence Project: How to Stop a Mass Shooting Epidemic*–, quieren notoriedad pero convirtiéndose en leyendas con sus muertes». Nuestro chiquillo, Salvador Ramos (2004-2022), alcanzó el epítome del Hombre Oculto Norteamericano y, en consecuencia, un efecto en las vidas de otros compatriotas similar al de tantos Hombres Públicos Norteamericanos.[8] Le queda, en la nada silenciosa, esa gloria roñosa.

Pocos días después del tiroteo de Uvalde, Ari Emanuel, superagente de Hollywood y director general de Endeavor –una enorme agencia dedicada al entretenimiento–, celebraba su boda en Saint-Tropez. Según cuenta Walter Isaacson en su biografía del magnate Elon Musk (1971), Larry David y el dueño de la red social X compartieron mesa. Una de esas ideas geniales del novio. David venía muy enfadado por el apoyo público del multimillonario al Partido Republi-

---

8. Pienso en el elevadísimo número de víctimas de la política exterior estadounidense codirigida por ese gran Hombre Público Norteamericano, Henry Kissinger (1923-2023).

cano justo después de la tragedia de Uvalde y la tensión estalló. «"¿Quiere usted que maten niños en los colegios?", le preguntó. "No, no", tartamudeó Musk –cuenta Isaacson–, sorprendido a la par que molesto. "Estoy en contra de que maten niños", trató de zanjar. Larry David no se lo permitió: "Entonces, ¿cómo puede votar a los republicanos?"». Celebrémoslo: pocas veces se puede contemplar el enfrentamiento de dos Hombres Públicos Norteamericanos, un multimillonario repugnante y un cómico asombroso, a costa de un Hombre Oculto Norteamericano.

Imagino desconcertado al viejo sol de la vieja Europa, sin entender demasiado lo que estaba ocurriendo.

Madrid, 16 de julio de 2024

Epílogo

Recogiendo el escenario

Resumo los objetivos de este ensayo breve:

1. Defender que existe un arquetipo en Estados Unidos, el Hombre Público Norteamericano, que se define por su capacidad de subirse a un escenario y empujar a la acción individual a las personas que lo escuchan. Este Hombre sería el resultado de la combinación de: a) la Primera Enmienda de la Constitución de Estados Unidos, que preserva la libertad de expresión; b) la religión americana tal y como la entiende Harold Bloom: protestantismo con línea directa y personal con el Creador, y c) el Libre Mercado de la propiedad privada, dos conceptos emparentados con el liberalismo y el adelgazamiento del Estado y que son la base del Sueño Americano®.

2. Justificar que, además del profeta, el colono, el charlatán/vendedor de *medicine show* o el político norteamericano, el cómico de *stand-up* es otra representación del arquetipo del Hombre Público Norteamericano.

3. Afirmar que el *stand-up* es un arte puramente norteamericano, que enraíza con otras manifestaciones creativas del siglo xx, como la canción protesta, el arte pop, los espectáculos masivos o el cine hippie, y que está sujeto a las mismas mutaciones.

4. Explicar que el *stand-up* participa activamente en la contracultura norteamericana de los años sesenta con un nuevo tipo de cómicos: los *sick comedians*. El público hippie y humanista pide a estos monologuistas lo mismo que a sus contemporáneos de otras disciplinas artísticas: que sean «ellos mismos» en escena. Para conseguir este objetivo, los *stand-up* aúpan al escenario a su verdadera persona, no a su persona verdadera; a aquel personaje que parece que proporciona al público un palco en el interior del cómico. Tomo como caso paradigmático de este movimiento al humorista Lenny Bruce.

5. Detallar las causas del estallido popular del *stand-up* en los setenta y ochenta.

6. Mostrar cómo las exigencias del público norteamericano de los sesenta, entonces minoritario, se han convertido en masivas y los *stand-up* han pasado a ser una de las principales vías de consumir información política en Estados Unidos y a sustituir a los presentadores de noticias. Además, en algunas de las *sitcoms* que protagonizan los monologuistas ya no se pide que necesariamente interpreten a un personaje, sino que el público generalista acepta a su verdadera persona, como ocurre en *Louie*, *Seinfeld* o *Curb Your Enthusiasm*.

7. Explicar dos fenómenos esencialmente norteamericanos y recientes –Donald Trump y el *stand-up* identitario–, y remarcar su misma base: el individualismo exacerbado de nuestro siglo XXI.

8. Desarrollar la otra cara del Hombre Público Norteamericano: el Hombre Oculto Norteamericano. El constituido, en su versión más leve, por todo aquello que el Hombre Público Norteamerica-

no quiere esconder. Y en su lado más siniestro, en aquellos que nunca cabrán en el traje de un Hombre Público Norteamericano y, por tanto, quedan excluidos del Sueño Americano®. La frustración de los primeros puede acabar, como con Will Smith, en un tortazo, en la consulta de un psicoanalista o en una secta. En el segundo caso, esta falta de futuro puede desembocar en estallidos de violencia tan brutales como el ocurrido en Uvalde, Texas, el 24 de mayo de 2022, completamente azuzados por la Segunda Enmienda. Este monumento legal, redactado en 1791, protege el derecho divino de los estadounidenses de poseer y portar armas de fuego.

Punch line

«El planeta ha aguantado cosas peores que nosotros. Ha soportado terremotos, volcanes, placas tectónicas, roturas continentales, tormentas magnéticas… Cientos de miles de años de bombardeo de cometas y asteroides y meteoros, inundaciones mundiales, olas gigantes, fuegos planetarios, erosión, rayos cósmicos, edades del hielo repetidas… ¿Y creemos que unas bolsas de plástico y algo de aluminio van a cambiar algo? El planeta no va a ir a ninguna parte. Somos nosotros los que nos vamos».

GEORGE CARLIN[1]

1. *Jammin' in New York*, HBO, 1992.

Agradecimientos

Morir de pie nace, crece y muta. Nació como esbozo de tesis doctoral, creció como microensayo en la editorial Rema y Vive (2014), junto a su posterior adenda de 2020 publicada por la revista *Mongolia*, y ha mutado a su versión más redonda y creo que definitiva en Debate. Agradezco mucho su ayuda a mi editor, Miguel Aguilar, y a la buena gente de Penguin Random House, a mi agente, Palmira Márquez, y a todo el equipo de su agencia Dos Passos, a Jorge Braga con las traducciones, a Jaime Zamora con los cálculos físicos, a Vicente Domínguez con el subtítulo y a mi tío Javier Galán porque, como el mejor de los *stand-up*, siempre me hace reír.

Glosario

act. Sinónimo de rutina o monólogo.

beat. El control de las pausas y ritmos durante la rutina.

bit. Un chiste corto o varios chistes enlazados por su temática. Por ejemplo, un *bit* sería un pequeño comentario sobre cepillarse los dientes que se enclavaría, junto a otros *bits* sobre despertarse, ducharse o hacer el desayuno a los niños, en una rutina acerca de las costumbres mañaneras.

blue stand-up. Tipo de *stand-up* que basa sus rutinas en chistes sexuales, escatológicos, de mal gusto… Probablemente, uno de los grandes en España en este subgénero sea Pepe Colubi (1966).

to bomb. Cuando, literalmente, lo haces tan mal o conectas tan poco con el público que lo sacas del espectáculo.

callback. Una referencia a otro chiste que se haya hecho en algún otro momento de la rutina.

catch-phrase. Aunque también funciona en otros géneros, en comedia hablamos de una frase o expresión habitual que produce hilaridad instantánea y que puede ser distintiva del carácter de un personaje. En algunos casos sirve como *punch line*. Por ejemplo, serían *catch-phrases* el «¿He sido yo?» del torpe Steve Urkel de *Cosas de casa* (ABC, 1989-1998), el «¿Saben aquell que diu?» del humorista Eugenio (1941-2001) o el «Quietorr» del inclasificable Chiquito de la Calzada (1932-2017).

closer. El chiste o *bit* que cierra una rutina.

delivery. El estilo (tono, velocidad, comunicación no verbal…) del *stand-up* al ejecutar una rutina. Nótese la traducción del inglés, «entrega».

heckler. La persona del público que molesta constantemente al cómico hablando durante la actuación, contestando a sus chistes, gritando porque no le gusta… Normalmente son objeto de *throwback* por parte del *stand-up*.

to kill. Conseguir que el público se muera de risa. «Today I killed» = «Hoy los he matado». Afirma Steve Martin que esta expresión probablemente se deba a que el cómico se ha dado cuenta de que debe matar al público porque, si no, ellos lo matarán a él.

monólogo. Texto completo que desarrolla un *stand-up* en escena. Normalmente sigue un hilo narrativo que engancha *bits* y rutinas. En ocasiones, «rutina» se usa como sinónimo de monólogo.

one-liner. Chiste o pieza cómica muy corta, que podría escribirse en «una línea» de texto.

open mic. Una oportunidad a micrófono abierto que dan ciertos locales o pubs a los cómicos que empiezan para que prueben sus textos. Suelen programarse en horarios de baja afluencia.

opener. El chiste o *bit* con el que se arranca un espectáculo.

premisa. Línea narrativa que estructura los *bits*, rutinas o monólogos. Puede ser una rutina sobre las diferencias entre hombres y mujeres (premisa) en la que se van enlazando *bits* sobre cómo conducen (premisa), cómo van al baño (premisa) o cómo tienen sexo (premisa).

punch line. El remate final del chiste, que suele ir encaminado a provocar la risa. En el caso paradigmático de «Iban dos… y se cayó el del medio», el *punch line* sería «y se cayó el del medio».

riffing. Interacción con el público que suele servir, mediante la empatía, para calentarlo al inicio de una actuación.

to rip. Literalmente, despedazar. Esta técnica se usa con algún *heckler* del público, a quien se degrada desde el escenario.

roll. Enlazar diversos chistes para que el público no pare de reír. Durante mi época en esa revista satírica, en los *shows* en directo de *Mongolia* lo conocíamos como «hacerse un Ramones».

rutina. A veces se utiliza como sinónimo de monólogo, pero también se considera una subdivisión temática del mismo tal que así: monólogo -> rutinas -> bits.

running gag. Un chiste o frase que se va repitiendo a lo largo de todo el monólogo y que tiene, en general, efectividad gracias a esta decisión formal.

set. Sinónimo de monólogo.

throw away. Finales potentes de *bits* que no se aprovechan con la suficiente fuerza. Nótese la traducción del inglés, «tirarlo».

throwback. En español, «devolver» la afrenta al *heckler*. Enlazado con «to rip».

timing. Los tiempos (velocidad, pausas…) con los que se ejecuta un *bit*.

wokewashing. Adaptar tu monólogo cómico a la

sensibilidad *woke* o identitaria para contentar a tu público. Generalmente a través consignas morales o historias de superación: salud mental, enfermedad o sexualidad.

Bibliografía, discografía y videografía

1. Aquí comenzó todo

BIBLIOGRAFÍA

Twain, Mark, *Autobiografía*, Barcelona, Espasa, 2004.
Hope, Bob, *Bob Hope: My Life in Jokes*, Nueva York, Hachette Books, 2004.
Lewis, Jerry, *Jerry Lewis: In Person*, Nueva York, Atheneum,1982.

DISCOGRAFÍA

Benny, Jack, *The Jack Benny Show*, años cincuenta.
Burns, George, *The George Burns and Gracie Allen Show*, programa de radio, 1965.

VIDEOGRAFÍA

Brooks, Mel, *Mel Brooks Live at the Geffen*, 2015.
Carson, Johnny, *The Best of Carson*, 2009.
Landis, John, *Mr. Warmth: The Don Rickles Project*, 2007.
Rivers, Joan, *Joan Rivers: A Piece of Work*, 2011.

2 y 3. *The new (and the sick) comedians* y Verdadera persona

BIBLIOGRAFÍA

Bruce, Lenny, *How to Talk Dirty and Influence People*, Chicago, Playboy Press, 1965.

Curtis, James, *Last Man Standing: Mort Sahl and the Birth of Modern Comedy*, Jackson, University Press of Missisipi, 2017.

DISCOGRAFÍA

Berman, Shelley, *A Personal Appearance*, 1961.

Carlin, George, *FM & AM*, 1972.

Cosby, Bill, *Bill Cosby Is a Very Funny Fellow, Right!*, 1963

Gregory, Dick, *Dick Gregory Running for President*, 1964

Newhart, Bob, *The Button-Down Mind of Bob Newhart*, 1960

Nichols, Mike, y May, Elaine, *An Evening with Mike Nichols & Elaine May*, 1962.

Reiner, Carl, y Brooks, Mel, *2000 Year Old Man*, 1961.

Mort, Sahl, *At Sunset*, 1955.

VIDEOGRAFÍA

Allen, Woddy, *Live at Granada TV!*, 1965.

Appatow, Judd, *Bob and Don: A Love Story*, 2023.

Appatow, Judd, y Bonfiglio, Michael, *El sueño americano de George Carlin*, 2022.

The Smothers Brothers, *Smothered: The Censorship in Smothers Brothers Comedy Hour*, 2002.
Winters, Jonathan, *Certifiably Jonathan*, 2007.

4. *Stand-up everywhere*

BIBLIOGRAFÍA

Crystal, Billy, *700 Sundays*, Nueva York, Grand Central Publishing, 2005.
Hicks, Bill, *Love All the People*, Nueva York, Constable & Robinson, 2005.
Martin, Steve, *Born Standing Up: A Comic's Life*, Nueva York, Scribner, 2009.
Miller, James Andrew, y Shales, Tom, *Live from New York: The Uncensored History of Saturday Night Live as Told by Its Stars, Writers, and Guests*, Nueva York, Little, Brown & Co., 2015.

DISCOGRAFÍA

Cheech & Chong, *Cheech & Chong*, 1971.
Dangerfield, Rodney, *No Respect*, 1980.

VIDEOGRAFÍA

Appatow, Judd, *The Zen Diaries of Garry Shandling*, 2009.
Kaufman, Andy, *I'm from Hollywood*, 1989.
Kinison, Sam, *Breaking the Rules*, 1987.
Klein, Robert, *Unfair & Unbalanced*, 2011
Leno, Jay, *The Tonight Show*, clips varios, 1975.
Martin, Steve, *Steve Martin, Live!*, 1986.

Murphy, Eddie, *Delirious*, 1983.

Neville, Morgan, *Steve! (martin)*, 2024.

Prinze, Freddy, *Freddy Prinze & Friends*, 1975.

Pryor, Richard, *Live on the Sunset Strip*, 1982.

Reiner, Rob, *Albert Brooks: Defending My Life*, 2023.

Seinfeld, Jerry, *I'm Telling You for the Last Time*, 1998.

Shandling, Garry, *Alone in Vegas*, 1984.

Smith, Chris, *Jim and Andy: The Great Beyond*, 2017.

Williams, Robin, *Weapons of Self Destruction*, 2009.

Wright, Steven, *I Have a Pony*, 1985.

5 y 6. Puedes no hacer reír y La intimidad masiva

BIBLIOGRAFÍA

Maher, Bill, *What This Comedian Said Will Shock You*, Nueva York, Simon & Schuster, 2024.

Ross, Jeffrey, *I Only Roast the Ones I Love: Busting Balls Without Burning Bridges*, Nueva York, Gallery Books, 2009.

VIDEOGRAFÍA

Belzer, Richard, *HBO Comedians Reunion Special*, 1986.

Black, Lewis, *Unfair and Unbalanced*, 2010.

Carlin, George, *It's Bad For Ya*, 2009.

Chappelle, Dave, *Block Party*, dirigido por Michel Gondry, 2005.

C. K., Louis, *Hilarious*, 2011.

—, *Louie*, 2010.

Cross, David, *Bigger and Blackerer*, 2009.

Cummings, Whitney, *Money Shot*, 2010.

David, Larry, *Curb Your Enthusiasm*, temporada 1, capítulo 1, 2000.

Galifianakis, Zach, *Live from the Purple Onion*, 2009.

Giraldo, Greg, *Give It Up for Greg Giraldo*, 2011.

Griffin, Kathy, *Balls of Steel*, 2009.

Gottfried, Gilbert, *Dirty Jokes*, 2004.

Hicks, Bill, *American: The Bill Hicks Story*, 2009.

Lopez, George, *Tall, Dark & Chicano*, 2007.

Maher, Bill, *Victory Begins at Home*, 2003.

Morgan, Tracy, *Black & Blue*, 2007.

Oswalt, Patton, *No Reason to Complain*, 2004.

Rock, Chris, *Kill the Messenger*, 2008

Saget, Bob, *That Ain't Right*, 2007.

Silverman, Sarah, *Jesus Is Magic*, 2005.

Sykes, Wanda, *I'm a Be Me*, 2009.

—, *I'm an Entertainer*, 2023.

Varios, *A Comedy Central Roast for Pamela Anderson*, 2007.

7. Nuestro Hombre Público Norteamericano

BIBLIOGRAFÍA

Gadsby, Hannah, *Los diez pasos hacia Nanette. Memorias incómodas*, trad. de María Serrano, Barcelona, Reservoir Books, 2022.

Trump, Mary L., *Too Much and Never Enough: How My Family Created the World's Most Dangerous Man*, Nueva York, Simon & Schuster, 2020.

Woodward, Bob, *Fear: Trump in the White House*, Nueva York, Simon & Schuster, 2018.

Wolff, Michael, *Fire And Fury: Inside the Trump White House*, Nueva York, Little, Brown, 2018.

—, *Landslide: The Final Days of the Trump Presidency*, Nueva York, The Bridge Street Press, 2021.

VIDEOGRAFÍA

Baron, Cohen, Sacha, *Borat: Subsequent Movie Film*, 2020.

Burr, Bill, *Paper Tiger*, 2019.

Davidson, Pete, *The Best Friends*, 2022.

Gadsby, Hannah, *Nanette*, 2018.

Glasser, Nikki, *Good Clean Filth*, 2022.

Jeselnik, Anthony, *Fire in the Maternity Ward*, 2019.

Trump, Donald, *Comedy Central Roast of Donald Trump*, 2011.

Wolf, Michelle, *Nice Lady*, 2017.

8. El Hombre Oculto Norteamericano

BIBLIOGRAFÍA

Illouz, Eva, *Oprah Winfrey and the Glamour of Misery. An Essay on Popular Culture*, Nueva York, Columbia University Press, 2003.

Isaacson, Walter, *Elon Musk*, trad. de María Serrano y Pablo José Hermida, Barcelona, Debate, 2023.

Manson, Mark, y Smith, Will, *Will*, trad. de Montserrat Asensio y Ladislao Bapory, Barcelona, Zenith, 2021.

McGraw, Seamus, *From a Taller Tower: The Rise of the American Mass Shooter*, Austin, University of Texas Press, 2021.

Peterson, Jillian, *The Violence Project: How to Stop a Mass Shooting Epidemic*, Nueva York, Abrams Press, 2022.

Pinkett Smith, Jada, *Worthy*, Nueva York, Fourth Estate, 2023.

VIDEOGRAFÍA

Chappelle, Dave, *The Closer*, 2021.

Miller, Troy, y Weiss, Glenn, *The 2022 Oscars*, 2022.

Moore, Michel, *Bowling for Columbine*, 2002.

Morgan, Tracy, *Takin' It Too Far*, 2023.

Rock, Chris, *Bigger and Blacker*, 1999.